성경이 나에게 말해요

| 삼단계 질문식 성경 공부 |

김재숙·배종열 지음

가정예배, 구역예배, 주일학교, 대안학교, 직장신우회 등에서
성경을 이해하고, 공감하고, 참여하게 하는 질문식 성경 공부

함성B&S / 비전코람데오

차례

구약

신약

서문

어린 시절에 교회가 없는 곳에서 자라다 보니 예수님에 대해 거의 듣지 못했다. 여고 시절에 “교회 가자”는 친구의 말에 말은 못 했지만, 마음속으로 ‘나를 믿으면 믿었지 하나님은 믿고 싶지 않아!’라고 말하고 싶었다. 그러나 스무 살이 되던 1980년에 광주민주화운동을 만난 후 내 발로 교회를 찾아갔다. 믿을 수 있는 것은 나 자신이 아닌 하나님뿐이라는 생각을 했기 때문이다.

내가 찾아간 교회는 아주 작은 교회로 아이들은 많은데 교사가 부족한 개척교회였다. 초등교사 출신이신 담임 목사님은 나에게 “자매님은 앞으로 학교 교사가 될 사람이니까 주일학교 교사를 해보라.”고 권유하셨다. “목사님! 저는 아무것도 몰라요.”라고 했더니 목사님은 “순종하면 된다.”고 말씀하셨다. 교회 출석한 지 겨우 한 달 만에 순종하는 마음으로 주일학교 교사가 된 것이다.

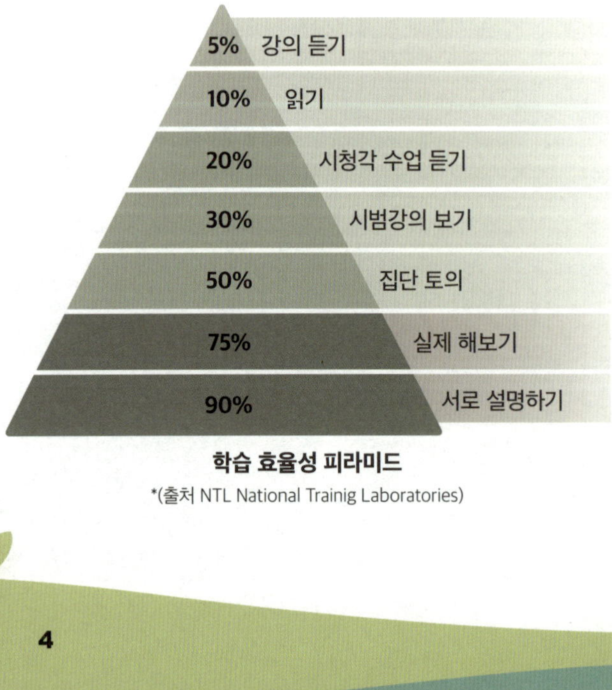

학습 효율성 피라미드

*(출처 NTL National Trainig Laboratories)

처음 주일학교 공과를 준비하는데 도무지 무엇을 해야할지 알 수가 없었다. 가장 어려웠던 것은 하나님의 독생자가 예수님이라고 하고, 또 예수님이 하나님이라고 했다. 삼위일체 하나님을 모르는 나로서는 정말 이해하기 어려웠다. 그러나 긴 세월 주일학교 교사를 하면서 공과를 준비하고 가르치는 과정에서 성경을 배우고, 주님을 만나고, 하나님의 사랑을 알게 되었다.

초등학교에서 교사 생활을 하는 동안 맡은 아이들에게 예수님을 소개하고, 믿음을 가진 아이들에게는 삶 속에서 말씀을 실천하게 했다. 월요일이면 아이들에게 주일날 무슨 말씀을 배웠는지 묻는다. 그런데 안타깝게도 아이들은 주일날 들은 설교 말씀이나 공과 내용을 잘 알지 못하고, 겨우 공과에 나온 인물 이름이나 제목을 말하는 정도였다. 왜일까? 많은 고민을 했다. 결국 학습이론을 가지고 문제 해결 방법을 찾게 되었다.

학습이론에 따르면 수업을 하고 24시간 후의 기억은 다음과 같다. 강의를 들으면 5%, 글을 읽으면 10%, 시청각 수업을 받으면 20%, 시범 강의를 보면 30%, 집단 토의를 하면 50%를 각각 기억한다고 한다. 그러나 실제로 참여해서 배우면 75%를, 그리고 서로 설명하기를 하면 90%를 기억한다고 한다. 그러고 보니 그동안 우리 주일학교의 교육은 강의, 읽기, 시청각 수업, 시범 강의에 집중되지 않았던가? 그렇다면 우리 아이들이 성경을 잘 배우고 오래 기억하며 순종할 수 있는 방법으로 교육해 보자.

학교에서 담임을 맡았던 아이들 10명을 매주 토요일에 집에 초대하여 성경공부를 하게 되었다. 두 가지 방법으로 나누어서 공부하였는데 실제로 참여해서 배우면 75% 이상 기억한다는 질문학습법과 서로 설명하기 방법으로 하면 90%를 기억한다는 성경공부 학습법을 시도하여 보았다. 또한, 학교에서도 어린이들에게 질문학습법과 서로 설명하기 학습법을 적용하여 가르쳤다. 어린이들이 직접 질문을 만들고, 스스로 답을 찾고, 자신의 의견을 나누었다. 자신들이 배운 것을 친구들에게 설명까지 하니 자연스럽게 성경 내용을 기억하게 되고 삶에 적용하려는 모습이 보였다.

나는 꿈을 꾸며 하나님께 기도하기 시작했다. 언젠가는 우리 다음 세대를 위한 성경공부 교재를 만들 수 있기를……. 그러던 중 우연한 계기로 "비전코람데오 출판사" 김영란 대표를 만났다. 김 대표님은 현재 출판사에서 편집하고 있는 주일학교 공과를 나에게 보여주었다. 나는 현재 시중에 일반적으로 쓰이고 있는 여러 가지 공과교재가 가지는 한계점에 대해 안타까움을 이야기하면서 품고 있던 소망을 말했다. 그러자 김 대표님은 내가 꿈꾸던 책을 한번 만들자고 제안하였고 이것이 동기가 되어 지금의 성경공부 책을 만들게 되었다. 성경공부 책을 만드는 과정에서 신약학을 가르치는 남편인 배종열 교수의 지도를 받으며 『성경이 나에게 말해요』를 완성하게 되었다.

『성경이 나에게 말해요』는 교회와 학교의 교육 현장에서 얻은 경험으로 만든 책이다. 배종열 교수는 교회에서 담임목사로 목회 활동을 하였고, 신학대학원에서 신약학을 수년간 가르쳐왔다. 나는 주일학교에서 어린이들에게 성경을 가르쳤고, 38여 년 동안 초등학교에서 어린이들을 교육했다.

『성경이 나에게 말해요』는 몇 가정에서 가정 예배의 성경공부 교재로 시범적으로 사용하여 보았다. 질문을 만들고 질문을 나누며 성경을 배우면서 자녀들이 즐겁게 성경공부에 참여하여 예전에 미처 발견하지 못했던 성경 내용을 알게 되고, 자녀들의 신앙 상태를 파악하고, 가족들이 자연스럽게 대화를 할 수 있었다. 또한, 학교의 신우회 선생님들도 성경공부 교재로 『성경이 나에게 말해요』를 사용했다. 선생님들은 각자 성경공부를 예습하고 모임에서 성경공부를 하니, 한 시간이지만 말씀을 충분히 나눌 수 있고, 질문으로 성경을 배우다 보니 미처 발견하지 못했던 성경 내용을 깨닫게 되었고 성경 내용을 확실히 알게 되었다고 하였다.

책이 나오기까지 도움을 주셨던 "비전코람데오 출판사" 와 보이지 않는 곳에서 기도하고 조언을 해주었던 많은 분과 강욱중, 권경희, 김민자, 문진아, 박은정, 박효순, 백승란, 백지영, 윤미, 임지은, 조동희 선생님들과 박수한, 김선영, 박예주, 박에셀 그리고 함께 공부했던 아들 배주형, 배의현에게 감사를 드린다.

김재숙

삼단계 질문식 성경 공부

I. 주께 향하기

주께 향하기는 기도하기, 일상생활 나누기, 본문 살펴보기가 있다.

첫째, 기도하기에서는 하나님께서 주시는 지혜로 하나님의 말씀을 잘 배우고 깨닫도록 그리고 하나님의 말씀에 순종하고, 행하도록 하나님의 도우심을 간절하게 기도한다. 되도록 짧고 분명하게 하는 것이 좋다.

<기도하기의 예>
우리의 삶 속에 항상 함께하신 주님 감사합니다. 하나님 말씀을 읽고 배우려 합니다. 지혜를 주셔서 잘 깨닫고 하나님의 말씀에 순종하게 해주세요. 주 예수 그리스도의 이름으로 기도합니다.

둘째, 일상생활 나누기에서는 일상 이야기와 기도 응답, 예수님 때문에 달라진 나 등 신앙과 관련된 것을 친구들과 소소한 이야기를 하는 것처럼 편한 마음으로 나누는 시간이다. 때로는 속상한 일, 실패한 일도 나눈다. 그래야 누구든지 꾸밈없이 자신의 부족한 모습도 이야기할 수 있고, 힘들고 어려운 일들도 이야기할 수 있다. 또 이야기를 통해 스트레스를 해소하고 살아갈 용기와 힘을 얻기도 한다. 주의할 것은 교사나 부모들은 잔소리하지 말고 힘이 되어주는 것이다. 응원하고 격려하고 잘못을 꾸중하지 않고, 누구나 그럴 수 있다고 품어주고 안아주어야 한다.

셋째, 본문 살펴보기에는 성경 내용 소개하기, 성경 읽기, 중요한 낱말 찾기와 중요한 문장 찾기가 있다.

1) 성경 내용 소개하기

성경 본문의 내용을 인도자(교사나 부모 등)가 안내한다. 너무 장황하고 길지 않으면서 성경을 잘 이해하도록 돕는다. 이를 위해서 교사나 부모는 먼저 본문의 성경을 잘 알고 있어야 한다. 스터디 바이블(예를 들면, NIV 스터디 바이블, ESV 스터디 바이블, 개혁주의 스터디 바이블 등)은 큰 도움이 된다. 본문의 배경이나 지명, 단위 등도 알려 주면 좋다. 부모나 교사가 성경 내용을 잘 알아야 하는 이유는 성경 공부하면서 잘못된 길로 가지 않도록 안내를 해야 하기 때문이다. 오늘 배울 성경의 전반적인 내용과 공부의 방향을 안내하는데 5분 이상 되도록 넘어가지 않도록 한다.

<본문 안내의 예: 창세기 6:1-22>
사람이 땅에 많아졌다. 그런데 사람들의 죄악이 세상에 가득했고 마음으로 생각하는 모든 계획이 항상 악해서 하나님께서는 근심하시고 사람과 가축과 기는 것과 공중의 새까지 다 쓸어버리시기로 하셨다. 그러나 오직 노아는 의인이요 온전한 자로 하나님과 동행했다. 하나님께서는 노아와 노아의 가족을 살려주시려고 방주를 지으라고 하셨다. 노아는 하나님의 말씀을 따라 삼 층 방주를 만들었다. 크기는 가로 140m, 세로 25m, 높이 14m(아파트 5층 높이), 용량 약 43,000t(아파트 한층 높이는 약 2.8m ~ 3m, 1규빗은 보통 어른의 가운데 손끝부터 팔꿈치까지의 길이로서 약 45cm임)

2) 성경 읽기

본문을 미리서 읽어오게 한다. 본문을 1회 읽고 성경공부를 한다.

3) 중요한 낱말 찾기

성경 본문의 중요 낱말 찾기에서는 각자 성경 본문을 읽으며 중요한 낱말을 골라 적고, 그 낱말이 왜 중요하다고 생각했는지 이 야기를 나눈다. 중요 낱말에 관한 이야기만 나누어도 성경의 중요한 내용을 파악하거나 성경을 읽는 사람이 어떤 상태인지 파악하는 데 도움이 된다. 중요 낱말을 사용한 빙고 놀이를 통해 성경공부에 흥미를 갖게 되고, 중요한 낱말을 마음에 심겨준다. 빙고 놀이는 다음과 같다.

첫째, 중요한 낱말을 9칸에 적는다.
둘째, 돌아가며 중요한 낱말을 말한다.
셋째, 똑같은 낱말을 말하면 동그라미를 한다.
넷째, 가장 먼저 두 줄에 모두 동그라미가 되면 빙고를 외친다.

4) 중요한 문장 찾기

성경 본문의 중요 문장 찾기에서는 중요 문장을 찾고 그 문장이 중요하다고 생각한 까닭을 나눈다. 성경 본문의 요절을 찾고 나누는 것으로 성경 본문의 갈 방향을 알게 하는 중요한 활동이다.

II. 주께 배우기

주께 배우기는 질문형식으로 이해를 위한 질문, 공감을 위한 질문, 참여를 위한 질문이라는 세 단계로 이루어져 있다. 각 단계의 특징은 다음과 같다.

	본문 이해를 위한 질문 (사실질문)	본문 공감을 위한 질문 (생각과 느낌 질문)	본문 참여를 위한 질문 (참여 질문)
초점	본문에서		나/우리에게서
목적	본문의 가르침을 이해하기	본문의 가르침을 공감하기	본문의 가르침을 참여하기
방법	본문에 대한 사실, 중요 낱말, 문장을 찾아 파악하기	본문의 가르침에 관한 생각과 감정을 확인하기	본문의 가르침을 나와 우리와 연관시키기
질문	~은 ~일까?	본문의 등장인물 혹은 수신인은 ~에서 어떠했을까?	만약에 본문의 인물이 나라면 어떻게 했을까? 만약에 본문의 인물이 나라면 어떻게 할까?

이해와 공감과 본문 참여를 위한 질문들에는 공통점이 있다. 그것은 모두 성경 본문을 중심으로 진행한다는 점이다. 이해도 성경 본문에 대한 이해요, 공감도 성경 본문에 대한 공감이요, 참여도 성경 본문에 참여하는 것이다. 또한, 초점을 기준으로 말하면, 이해와 공감의 초점은 성경 본문이고, 참여는 독자인 나/우리이다. 하지만 세 단계의 차이점을 말하면 다음과 같다. 첫째, 이해를 위한 질문 단계이다. 이 단계의 목적은 성경 본문의 가르침(교훈, 진리)을 파악하는 것이다. 이를 위해서 본문에 대한 사실, 본문의 중요 낱말, 본문의 중요 문장을 파악한다. 둘째, 공감을 위한 질문 단계이다. 이 단계의 목적은 첫째 단계에서 파악한 가르침을 확신하는 것이다. 이를 위해서 본문의 가르침에 관한 생각이나 감정을 공감한다. 셋째, 참여를

위한 질문 단계이다. 이 단계의 목적은 성경 본문의 사건이나 내용을 나/우리와 연관 지어 참여하는 것이다.

1) 본문 이해를 위한 질문(사실 질문)

본문 이해를 위한 질문의 목적은 본문의 내용을 파악하는 것이다. 본문의 내용을 보고 자유롭게 질문을 만들도록 한다. 본문 이해를 위한 질문의 답은 본문에서 찾을 수 있다. 본문 이해를 위한 질문에서 핵심적인 중요한 질문은 하면 할수록 성경이 말하는 것을 잘 알 수 있어 학습 목표를 달성하기 쉽다. 처음에는 어렵지만 몇 번 공부하면 질문을 잘 만들게 되고 미처 깨닫지 못했던 것을 알게 되어 질문하는 즐거움도 생겨난다. 본문 이해를 위한 질문 수업 진행 방법은 다음과 같다.

본문 이해를 위한 질문을 3개 만든다. 두 사람이 만든 질문을 주고받으며 답한다. 한 사람이 질문하면 다 같이 답한다.

<본문 이해를 위한 질문의 예>
노아는 당대에 어떤 사람이었을까?(누구)
노아가 지은 방주의 재료는 무엇인가?(무엇)
하나님은 왜 노아에게 방주를 지으라고 했나요?(왜)

2) 본문 공감을 위한 질문(생각과 느낌 질문)

본문의 내용에 나오는 사람들의 생각과 느낌 질문을 통해 공감해 보고 본문을 읽고 함께 공부하는 사람 들의 생각과 느낌에 대한 물음으로 서로의 생각을 공감해 본다. 그러나 정답이 없고 사람마다 다른 답을 할 수 있다. 공감 질문 수업 진행 방법은 다음과 같다.

첫째, 생각과 질문을 3개 만들어 그중에서 하나를 선택해 생각이나 느낌을 쓴다. 선택한 질문을 주고받으며 생각을 나눈다.

둘째, 성경 인물에게 질문한다. 성경에 나오는 주인공에게 생각, 느낌을 질문하는 방법이다. 교사가 먼저 주인공이 되어 질문을 받아 보고, 다음에는 자녀나, 학생들이 주인공이 되어서 질문을 받고 주인공의 마음으로 대답해보는 방법이다.

<본문 공감을 위한 질문의 예>
노아는 포악한 사람들 가운데 살았을 때 어떤 생각을 했을까?(언제 / 생각)
노아가 하나님의 언약을 세울 때 어떤 생각을 했을까?(언제 / 생각)
노아가 방주를 만들 때 사람들은 어떤 생각을 했을까?(언제 / 생각)
노아가 방주에 들어갈 때 밖에 있는 사람들은 어떤 생각을 했을까?(언제 / 생각)

3) 본문 참여를 위한 질문(적용 질문)

본문의 내용에 참여해 보기 위한 질문이다. 본문에 나오는 등장인물이 되어보거나 본문에 나오는 사건을 만난다면 어떻게 할 것인가 생각해 보는 것이다. '만약에'라는 말을 사용해서 질문하면 질문만들기가 쉽다. 질문을 만든 후 답을 쓰고 답에 대한 질문을 반복한다. 꼬리에 꼬리를 무는 질문을 하면 본문에 구체적으로 참여할 수 있다.

(1) **질문으로 꼬리에 꼬리를 무는 질문하는 방법**

질문에 대한 답을 쓰고, 답을 보고, 또 질문하는 방법으로 질문과 답을 통해 더욱 구체적으로 본문 내용에 깊게 참여하게 하는 방법이다.

질문1 ⇨ 답 ⇨ 질문2 ⇨ 답 ⇨ 질문3 ⇨ 답

(2) **만든 질문과 답을 발표하고 마지막 질문 3에 대한 답을 다 같이 나누면 좀 더 구체적으로 본문 말씀에 참여하게 할 수 있다.**

<본문 참여를 위한 질문의 예>

질문1	만약에 내가 40일을 굶었는데 시험이 오면 어떻게 할까?
답	너무 배가 고프고 힘이 들어서 판단력이 흐려져서 쉽게 넘어지지 않을까 생각이 된다.
질문2	어떻게 하면 힘든 상황에서도 넘어지지 않을까?
답	말씀으로 무장하고 내 힘으로 이기려 하지 말고 하나님께 도움을 구해야 한다.
질문3	매사에 하나님을 의지하고 도움을 받으려면 어떻게 해야 할까?
답	말씀을 주야로 묵상하고 항상 깨어 있으며 평상시에도 매사를 주께 의지하는 삶의 태도로 살아야 한다.

한 가지 주의할 점이 있다. 질문하고 답을 찾으면 뭔가를 발견하게 된다. 발견은 우리의 생각이나 감정이나 정보를 더 크게 확장하고, 새로운 영역으로 이끄는 힘이 있다. 하지만 발견에는 몰랐던 것만을 발견하는 것뿐만 아니라 이미 알고 있었지만, 기억에서 사라지거나, 망각한 것을 재발견하는 것도 매우 중요하다. 하나님은 앞으로도 우리에게 은혜를 베푸실 것이지만, 앞으로 받을 은혜만을 기대하는 것뿐 아니라 이미 받은 은혜를 다시 생각하는 것도 필요하다. 이미 받은 은혜를 생각해 낼 때 앞으로 받을 은혜는 더 확실해진다.

III. 주 따르기

1. 본문 적용하기

1) 본문에서 배운 것 설명하기

서로 설명하기는 학습이론에 의하면 90% 이상을 기억하게 한다는 학습 방법이다. 목적은 본문 말씀을 잘 알고 있는지 확인하고 기억하게 하는 것이다.

첫째, 본문에서 배운 말씀과 깨달은 것을 적어본다.

둘째, 배운 말씀을 서로 설명한다.

⑴ 돌아가며 한 가지씩 말하기를 한다. 앞에서 말한 것은 되도록 말하지 않는 것이 좋다.

⑵ 두 사람씩 짝을 지어 순서를 정한 후 본문 말씀의 내용을 상대방에게 설명한다.

2) 본문에서 배운 것 순종하기

이 단계는 어쩌면 성경공부의 가장 중요한 부분이라고도 할 수 있다. 배운 것 순종을 통해 그리스도인의 삶을 살게 하는 과정이기 때문이다. 본문을 관찰하고 질문 방법을 통해 배운 말씀으로 우리 삶을 점검하고, 삶에 구체적으로 적용하여 순종하게 한다. 되도록 삶의 현장에서 적용할 수 있는 구체적인 실천 방법을 찾아보고 실천하도록 한다. 한 주간 또는 삶 속에서 실천한 것을 다음 성경 공부 시간 중 생활 나눔 할 때 이야기를 나누면 더욱 좋다.

2. 요절 암송

요절은 본문의 가장 중요한 내용이기 때문에 요절의 의미를 가르치면서 본문에서 배운 것을 다시 한번 강조하고 본문에서 배운 내용을 기억하게 하는 단계이다. 암송하는 방법에는 꿀벌 암송과 오감을 활용하는 상상 암송이 있다. 말씀을 오래 기억하기 위해 포스트잇 2-3장에 요절을 적는다. 잘 보이는 곳에 포스트잇을 붙여두고 외운다. 포스트잇에 쓴 요절을 스마트폰으로 사진 찍어 나의 카톡에 올리고 언제든지 보고 수시로 외운다.

1) 꿀벌 암송

문장 전체를 한꺼번에 외우기보다 끊어서(/) 외우면 외우기가 쉽다.

<꿀벌 암송하기의 예>
창세기 6장 22절
① 노아가 그와 같이하여/ ② 하나님이 자기에게 명하신 대로/ ③ 다 준행하였더라.

① 을 다섯 번 반복하기 → ①② 를 다섯 번 반복하기 → ①②③ 을 다섯 번 반복하여 읽기

2) 상상 암송

오감을 활용하여 본문 내용을 상상하며 암송한다.

<상상 암송하기의 예>
하박국 3장 17-18절
① 비록 무화과나무가 무성하지 못하며/
② 포도나무에 열매가 없으며/
③ 감람나무에 소출이 없으며/
④ 밭에 먹을 것이 없으며/
⑤ 우리에 양이 없으며/
⑥ 외양간에 소가 없을지라도/
⑦ 나는 여호와로 말미암아 즐거워하며/
⑧ 나의 구원의 하나님으로 말미암아 기뻐하리로다

① 마음에 무화과나무에 잎과 열매가 조금밖에 없는 것 상상
② 포도나무에 열매 없는 그림을 상상
③ 감람나무 아래 텅 빈 바구니를 상상
④ 밭이 텅 빈 쓸쓸함을 마음속으로 상상
⑤ 양우리가 텅 비어있는 것을 상상
⑥ 텅 비어있는 외양간을 상상
⑦ 하나님을 상상하며 즐겁게 웃는 얼굴과 웃음소리를 상상
⑧ 하나님을 바라보며 기뻐 뛰며 소리 지르는 것을 상상

3. 기도하기

배운 것에 대해 순종하고 싶은 것을 위한 기도와 각자의 기도 제목을 나누고 서로를 위해 기도한다.

성경공부할 때 주의할 점

첫째, 각 단계의 공부 방법을 익힌 후 성경 공부를 하자. 삼단계 질문식 성경공부는 공부에 들어가기 전에 어떻게 성경 공부를 하는지 앞에서 안내한 각 단계별 학습방법을 알고 시작해야 한다. 이 공부 방법은 시간이 많이 걸릴 수 있으니 가족이나 주일학교 어린이나 신우회 회원들이 성경공부의 내용을 미리 풀어오면 짧은 시간에 효과적으로 공부를 할 수 있다. 그래도 시간이 부족하면 한 과를 2~3번 나누어서 해도 좋다.

둘째, 가르치려 하지 말라.
아이들은 스스로 배우기를 좋아한다. 말씀이나 이야기만 읽어도 아이들은 그 내용을 통해서 이미 깨닫고 배운다. 부모나 교사는 사족을 달아 가르쳐서 마음에 심어주겠다는 생각으로 잔소리를 하며 강조를 하는데 역효과를 가져오게 된다. 그냥 읽고 서로 이야기를 나누기만 해야 효과가 크다.

셋째, 잘못을 지적하지 말라.
부모나 교사는 잘못을 지적하여 고치려는 습성이 있다. 자주 그렇게 하면 아이들이 양육을 거부하게 되고 양육의 효과를 거둘 수 없으니 잘못을 지적하지 않도록 조심해야 한다.

넷째, 칭찬과 격려로 자신감을 심어주라.
부모나 교사의 칭찬은 아이들에게 자존감을 높여 주고, 자신을 인정한다는 것을 알게 하여 존재감을 갖게 해준다. 이를 통해 아이들이 적극적으로 양육에 참여하게 되며 양육의 목표를 달성하게 하는 영양분이 된다.

다섯째, 언행 심사가 모범이 되도록 하라.
양육하는 부모나 교사가 언행 심사에 모범이 되지 않으면 아이들이 양육을 통해 성장하기 어렵다. 하지만 양육자가 자기의 연약한 부분을 인정하고 양육 받는 어린이들과 함께 성장해 간다면 양육의 효과가 기대 이상으로 있을 것이다.

여섯째, 아이들의 건강과 마음 상태를 잘 관찰하라.
부모나 교사가 항상 똑같은 방식으로 양육하면 양육자는 쉽게 싫증을 내게 된다. 아이들이 많이 피곤하거나 몸 상태가 좋지 않으면 간단히 성경만 읽고 기도로 마치기도 한다. 때로는 성경을 읽고 떠오르는 낱말만 듣고 왜 그 낱말이 떠오르는지 이야기를 나누고 기도로 마친다. 또 때로는 성경을 읽고 질문을 한, 두 개 나누고 기도하며 마치기도 한다.

구약편

제 1 과

하나님이 창조하신 세상

창세기 1장 24절 ~ 2장 3절

주께 향하기

1. 기도하기

2. 일상생활 나누기: 우리 삶의 마음속 이야기를 나누어요.

3. 본문 살펴보기

❶ 성경 내용 소개하기: 인도자가 본문 전체의 줄거리를 간단하게 설명해요.

❷ 성경 읽기: 창세기 1장 24절 ~ 2장 3절

❸ 중요한 낱말 찾기

❹ 중요한 문장 찾기

주께 배우기

1. 본문 이해를 위한 질문(사실 질문)

❶ 본문의 내용을 이해하기 위해 본문을 보고 사실 질문을 만들어요.

❷ 본문에서 답을 찾아요.

나의 질문	답

2. 본문 공감을 위한 질문(생각과 느낌 질문)

❶ 본문에 나오는 인물이나 사건 등에 대한 생각이나 느낌을 묻는 질문을 만들어요.

❷ 여러 질문 중에 한 질문을 선택해 생각이나 느낌을 쓰고 다 같이 나눠요.

번호	질문
1	
2	
3	
선택 질문 번호	**생각, 느낌**

3. 본문 참여를 위한 질문(적용 질문)

❶ 성경 본문 내용 속에 참여해 보아요.

❷ 내가 성경 속 사건을 만났거나 성경 속 인물이라면 어땠을지 만약에 라는 질문을 만들어 답을 써 보아요.

❸ 만든 질문의 답을 보고 또 질문을 만드는 꼬리에 꼬리를 무는 질문을 만들어요.

❹ 질문과 의견을 서로 나누어요.

질문1	
답	
질문2	
답	
질문3	
답	

주 따르기

1. 본문을 적용하기

❶ 본문에서 배운 것을 설명해 보아요.

- 본문에서 배운 말씀을 적어본다.

- 돌아가며 한 문장씩 말하거나 본문 말씀 전체의 줄거리를 말한다.

❷ 본문에서 배운 것을 삶에서 순종해요.

2. 요절 암송: 창세기 1장 28절

3. 기도하기

- 기도 제목을 서로 나누어요.

제 2 과

에덴동산의 아담과 하와

창세기 3장

주께 향하기

1. 기도하기

2. 일상생활 나누기: 우리 삶의 마음속 이야기를 나누어요.

3. 본문 살펴보기

• 무엇일까요?

- 하나님의 형상으로 만들었어요.
- 남자입니다.
- 흙으로 만들었어요.
- 동물들의 이름을 지어주었어요.
- 최초의 사람입니다.

❶ 성경 내용 소개하기: 인도자가 본문 전체의 줄거리를 간단하게 설명해요.

❷ 성경 읽기: 창세기 3장

❸ 중요한 낱말 찾기

❹ 중요한 문장 찾기

주께 배우기

1. 본문 이해를 위한 질문(사실 질문)

❶ 본문의 내용을 이해하기 위해 본문을 보고 사실 질문을 만들어요.

❷ 본문에서 답을 찾아요.

나의 질문	답

2. 본문 공감을 위한 질문(생각과 느낌 질문)

❶ 본문에 나오는 인물이나 사건 등에 대한 생각이나 느낌을 묻는 질문을 만들어요.

❷ 여러 질문 중에 한 질문을 선택해 생각이나 느낌을 쓰고 다 같이 나눠요.

번호	질문
1	
2	
3	
선택 질문 번호	**생각, 느낌**

제 2 과

3. 본문 참여를 위한 질문

❶ 성경 본문 내용 속에 참여해 보아요.

❷ 내가 성경 속 사건을 만났거나 성경 속 인물이라면 어땠을지 만약에 라는 질문을 만들어 답을 써 보아요.

❸ 만든 질문의 답을 보고 또 질문을 만드는 꼬리에 꼬리를 무는 질문을 만들어요.

❹ 질문과 의견을 서로 나누어요.

질문1	
답	
질문2	
답	
질문3	
답	

주 따르기

1. 본문을 적용하기

❶ 본문에서 배운 것을 설명해 보아요.

- 본문에서 배운 말씀을 적어본다.

- 돌아가며 한 문장씩 말하거나 본문 말씀 전체의 줄거리를 말한다.

❷ 본문에서 배운 것을 삶에서 순종해요.

2. 요절 암송: 창세기 3장 15절

3. 기도하기

● 기도 제목을 서로 나누어요.

제 3 과

노아의 방주

창세기 6장 9 ~ 22절

주께 향하기

1. 기도하기

2. 일상생활 나누기: 우리 삶의 마음속 이야기를 나누어요.

3. 본문 살펴보기

• 무엇일까요?

- 비와 관련 있어요.
- 그림 그릴 때 많이 그려요.
- 하나님이 노아에게 물로 멸망시키지 않겠다는 약속으로 주신 거예요(창 9장 12 ~ 16절).
- 일곱 가지 색깔로 표현해요.

❶ 성경 내용 소개하기: 인도자가 본문 전체의 줄거리를 간단하게 설명해요.

❷ 성경 읽기: 창세기 6장 9 ~ 22절

❸ 중요한 낱말을 찾아 빙고 놀이하기

주께 배우기

1. 본문 이해를 위한 질문(사실 질문)

❶ 본문의 내용을 이해하기 위해 본문을 보고 사실 질문을 만들어요.

❷ 본문에서 답을 찾아요.

나의 질문	답

2. 본문 공감을 위한 질문(생각과 느낌 질문)

❶ 노아 에게 질문을 해요(생각과, 느낌 질문 만들기)

①

②

③

❷ 노아 역할을 인도자, 자녀(학생) 순으로 해 보게 하자. 노아의 심정이 되어 말하도록 한다.

제 3 과

3. 본문 참여를 위한 질문

❶ 성경 본문 내용 속에 참여해 보아요.

❷ 내가 성경 속 사건을 만났거나 성경 속 인물이라면 어땠을지 만약에 라는 질문을 만들어 답을 써 보아요.

❸ 만든 질문의 답을 보고 또 질문을 만드는 꼬리에 꼬리를 무는 질문을 만들어요.

❹ 질문과 의견을 서로 나누어요.

질문1	
답	
질문2	
답	
질문3	
답	

주 따르기

1. 본문을 적용하기

❶ 본문에서 배운 것을 설명해 보아요.

• 본문에서 배운 말씀을 적어본다.

• 돌아가며 한 문장씩 말하거나 본문 말씀 전체의 줄거리를 말한다.

❷ 본문에서 배운 것을 삶에서 순종해요.

2. 요절 암송: 창세기 6장 22절

3. 기도하기

● 기도 제목을 서로 나누어요.

제 4 과

복 받은 아브람

창세기 13장 1 ~ 18절

주께 향하기

1. 기도하기

2. 일상생활 나누기: 우리 삶의 마음속 이야기를 나누어요.

3. 본문 살펴보기

❶ 성경 내용 소개하기: 인도자가 본문 전체의 줄거리를 간단하게 설명해요.

❷ 성경 읽기: 창세기 13장 1 ~ 18절

❸ 중요한 낱말 찾기

❹ 중요한 문장 찾기

함께 배우기

1. 본문 이해를 위한 질문(사실 질문)

❶ 본문의 내용을 이해하기 위해 본문을 보고 사실 질문을 만들어요.

❷ 본문에서 답을 찾아요.

나의 질문	답

2. 본문 공감을 위한 질문(생각과 느낌 질문)

❶ 본문에 나오는 인물이나 사건 등에 대한 생각이나 느낌을 묻는 질문을 만들어요.

❷ 여러 질문 중에 한 질문을 선택해 생각이나 느낌을 쓰고 다 같이 나눠요.

번호	질문
1	
2	
3	
선택 질문 번호	생각, 느낌

제
4
과

3. 본문 참여를 위한 질문

❶ 성경 본문 내용 속에 참여해 보아요.

❷ 내가 성경 속 사건을 만났거나 성경 속 인물이라면 어땠을지 만약에 라는 질문을 만들어 답을 써 보아요.

❸ 만든 질문의 답을 보고 또 질문을 만드는 꼬리에 꼬리를 무는 질문을 만들어요.

❹ 질문과 의견을 서로 나누어요.

질문1	
답	
질문2	
답	
질문3	
답	

주 따르기

1. 본문을 적용하기

❶ 본문에서 배운 것을 설명해 보아요.

• 본문에서 배운 말씀을 적어본다.

• 돌아가며 한 문장씩 말하거나 본문 말씀 전체의 줄거리를 말한다.

❷ 본문에서 배운 것을 삶에서 순종해요.

2. 요절 암송: 창세기 13장 15 ~ 16절

3. 기도하기

● 기도 제목을 서로 나누어요.

제 5 과

소돔과 고모라

창세기 19장 1 ~ 29절

주께 향하기

1. 기도하기

2. 일상생활 나누기: 우리 삶의 마음속 이야기를 나누어요.

3. 본문 살펴보기

❶ 성경 내용 소개하기: 인도자가 본문 전체의 줄거리를 간단하게 설명해요.

❷ 성경 읽기: 창세기 19장 1 ~ 29절

❸ 중요한 낱말을 찾아 빙고 놀이하기

❹ 중요한 문장 찾기

주께 배우기

1. 본문 이해를 위한 질문(사실 질문)

❶ 본문의 내용을 이해하기 위해 본문을 보고 사실 질문을 만들어요.

❷ 본문에서 답을 찾아요.

나의 질문	답

2. 본문 공감을 위한 질문(생각과 느낌 질문)

❶ 본문에 나오는 인물이나 사건 등에 대한 생각이나 느낌을 묻는 질문을 만들어요.

❷ 여러 질문 중에 한 질문을 선택해 생각이나 느낌을 쓰고 다 같이 나눠요.

번호	질문
1	
2	
3	
선택 질문 번호	**생각, 느낌**

제 5 과

3. 본문 참여를 위한 질문

❶ 성경 본문 내용 속에 참여해 보아요.

❷ 내가 성경 속 사건을 만났거나 성경 속 인물이라면 어땠을지 만약에 라는 질문을 만들어 답을 써 보아요.

❸ 만든 질문의 답을 보고 또 질문을 만드는 꼬리에 꼬리를 무는 질문을 만들어요.

❹ 질문과 의견을 서로 나누어요.

질문1	
답	
질문2	
답	
질문3	
답	

주 따르기

1. 본문을 적용하기

❶ 본문에서 배운 것을 설명해 보아요.

- 본문에서 배운 말씀을 적어본다.

- 돌아가며 한 문장씩 말하거나 본문 말씀 전체의 줄거리를 말한다.

❷ 본문에서 배운 것을 삶에서 순종해요.

2. 요절 암송: 창세기 19장 29절

3. 기도하기

- 기도 제목을 서로 나누어요.

제 6 과

하나님께 이삭을 바친 아브라함

창세기 22장 1 ~ 19절

주께 향하기

1. 기도하기

2. 일상생활 나누기: 우리 삶의 마음속 이야기를 나누어요.

3. 본문 살펴보기

❶ 성경 내용 소개하기: 인도자가 본문 전체의 줄거리를 간단하게 설명해요.

❷ 성경 읽기: 창세기 22장 1 ~ 19절

❸ 중요한 낱말을 찾아 빙고 놀이하기

❹ 중요한 문장 찾기

함께 배우기

1. 본문 이해를 위한 질문(사실 질문)

❶ 본문의 내용을 이해하기 위해 본문을 보고 사실 질문을 만들어요.

❷ 본문에서 답을 찾아요.

나의 질문	답

2. 본문 공감을 위한 질문(생각과 느낌 질문)

❶ 본문에 나오는 인물이나 사건 등에 대한 생각이나 느낌을 묻는 질문을 만들어요.

❷ 여러 질문 중에 한 질문을 선택해 생각이나 느낌을 쓰고 다 같이 나눠요.

번호	질문
1	
2	
3	
선택 질문 번호	**생각, 느낌**

3. 본문 참여를 위한 질문

❶ 성경 본문 내용 속에 참여해 보아요.

❷ 내가 성경 속 사건을 만났거나 성경 속 인물이라면 어땠을지 만약에 라는 질문을 만들어 답을 써 보아요.

❸ 만든 질문의 답을 보고 또 질문을 만드는 꼬리에 꼬리를 무는 질문을 만들어요.

❹ 질문과 의견을 서로 나누어요.

질문1	
답	
질문2	
답	
질문3	
답	

주 따르기

1. 본문을 적용하기

❶ 본문에서 배운 것을 설명해 보아요.

- 본문에서 배운 말씀을 적어본다.

- 돌아가며 한 문장씩 말하거나 본문 말씀 전체의 줄거리를 말한다.

❷ 본문에서 배운 것을 삶에서 순종해요.

2. 요절 암송: 창세기 22장 18절

3. 기도하기

- 기도 제목을 서로 나누어요.

제 7 과

천사와 씨름한 야곱

창세기 32장

주께 향하기

1. 기도하기

2. 일상생활 나누기: 우리 삶의 마음속 이야기를 나누어요.

3. 본문 살펴보기

❶ 성경 내용 소개하기: 인도자가 본문 전체의 줄거리를 간단하게 설명해요.

❷ 성경 읽기: 창세기 32장

❸ 중요한 낱말을 찾아 빙고 놀이하기

❹ 중요한 문장 찾기

주께 배우기

1. 본문 이해를 위한 질문(사실 질문)

❶ 본문의 내용을 이해하기 위해 본문을 보고 사실 질문을 만들어요.

❷ 본문에서 답을 찾아요.

나의 질문	답

2. 본문 공감을 위한 질문(생각과 느낌 질문)

❶ 본문에 나오는 인물이나 사건 등에 대한 생각이나 느낌을 묻는 질문을 만들어요.

❷ 여러 질문 중에 한 질문을 선택해 생각이나 느낌을 쓰고 다 같이 나눠요.

번호	질문
1	
2	
3	
선택 질문 번호	생각, 느낌

제 7 과

3. 본문 참여를 위한 질문

❶ 성경 본문 내용 속에 참여해 보아요.

❷ 내가 성경 속 사건을 만났거나 성경 속 인물이라면 어땠을지 만약에 라는 질문을 만들어 답을 써 보아요.

❸ 만든 질문의 답을 보고 또 질문을 만드는 꼬리에 꼬리를 무는 질문을 만들어요.

❹ 질문과 의견을 서로 나누어요.

질문1	
답	
질문2	
답	
질문3	
답	

주 따르기

1. 본문을 적용하기

❶ 본문에서 배운 것을 설명해 보아요.

- 본문에서 배운 말씀을 적어본다.

- 돌아가며 한 문장씩 말하거나 본문 말씀 전체의 줄거리를 말한다.

❷ 본문에서 배운 것을 삶에서 순종해요.

2. 요절 암송: 창세기 32장 30절

3. 기도하기

- 기도 제목을 서로 나누어요.

제 8 과

이집트로 간 요셉

창세기 37장

주께 향하기

1. 기도하기

2. 일상생활 나누기: 우리 삶의 마음속 이야기를 나누어요.

3. 본문 살펴보기

❶ 성경 내용 소개하기: 인도자가 본문 전체의 줄거리를 간단하게 설명해요.

❷ 성경 읽기: 창세기 37장

❸ 중요한 낱말 찾기

❹ 중요한 문장 찾기

주께 배우기

1. 본문 이해를 위한 질문(사실 질문)

❶ 본문의 내용을 이해하기 위해 본문을 보고 사실 질문을 만들어요.

❷ 본문에서 답을 찾아요.

나의 질문	답

2. 본문 공감을 위한 질문(생각과 느낌 질문)

❶ 본문에 나오는 인물이나 사건 등에 대한 생각이나 느낌을 묻는 질문을 만들어요.

❷ 여러 질문 중에 한 질문을 선택해 생각이나 느낌을 쓰고 다 같이 나눠요.

번호	질문
1	
2	
3	
선택 질문 번호	**생각, 느낌**

제 8 과

3. 본문 참여를 위한 질문(적용 질문)

❶ 성경 본문 내용 속에 참여해 보아요.

❷ 내가 성경 속 사건을 만났거나 성경 속 인물이라면 어땠을지 만약에 라는 질문을 만들어 답을 써 보아요.

❸ 만든 질문의 답을 보고 또 질문을 만드는 꼬리에 꼬리를 무는 질문을 만들어요.

❹ 질문과 의견을 서로 나누어요.

질문1	
답	
질문2	
답	
질문3	
답	

주 따르기

1. 본문을 적용하기

❶ 본문에서 배운 것을 설명해 보아요.

- 본문에서 배운 말씀을 적어본다.

- 돌아가며 한 문장씩 말하거나 본문 말씀 전체의 줄거리를 말한다.

❷ 본문에서 배운 것을 삶에서 순종해요.

2. 요절 암송: 창세기 37장 7절

3. 기도하기

- 기도 제목을 서로 나누어요.

제 9 과

이집트의 총리가 된 요셉

창세기 41장

주께 향하기

1. 기도하기

2. 일상생활 나누기: 우리 삶의 마음속 이야기를 나누어요.

3. 본문 살펴보기

❶ 성경 내용 소개하기: 인도자가 본문 전체의 줄거리를 간단하게 설명해요.

❷ 성경 읽기: 창세기 41장

❸ 중요한 낱말 찾기

❹ 중요한 문장 찾기

주께 배우기

1. 본문 이해를 위한 질문(사실 질문)

❶ 본문의 내용을 이해하기 위해 본문을 보고 사실 질문을 만들어요.

❷ 본문에서 답을 찾아요.

나의 질문	답

2. 본문 공감을 위한 질문(생각과 느낌 질문)

❶ 본문을 읽고 생각이나 느낌을 가상의 요셉에게 질문하여 보세요.

①

②

③

❷ 요셉의 역할을 맡은 사람이 질문에 답하기.

3. 본문 참여를 위한 질문

❶ 성경 본문 내용 속에 참여해 보아요.

❷ 내가 성경 속 사건을 만났거나 성경 속 인물이라면 어땠을지 만약에 라는 질문을 만들어 답을 써 보아요.

❸ 만든 질문의 답을 보고 또 질문을 만드는 꼬리에 꼬리를 무는 질문을 만들어요.

❹ 질문과 의견을 서로 나누어요.

질문1	
답	
질문2	
답	
질문3	
답	

주 따르기

1. 본문을 적용하기

❶ 본문에서 배운 것을 설명해 보아요.

- 본문에서 배운 말씀을 적어본다.

- 돌아가며 한 문장씩 말하거나 본문 말씀 전체의 줄거리를 말한다.

❷ 본문에서 배운 것을 삶에서 순종해요.

2. 요절 암송: 창세기 41장 39절

3. 기도하기

- 기도 제목을 서로 나누어요.

제 10 과

형들을 용서한 요셉

창세기 45장

주께 향하기

1. 기도하기

2. 일상생활 나누기: 우리 삶의 마음속 이야기를 나누어요.

3. 본문 살펴보기

❶ 성경 내용 소개하기: 인도자가 본문 전체의 줄거리를 간단하게 설명해요.

❷ 성경 읽기: 창세기 45장

❸ 중요한 낱말을 찾아 빙고 놀이하기

❹ 중요한 문장 찾기

주께 배우기

1. 본문 이해를 위한 질문(사실 질문)

❶ 본문의 내용을 이해하기 위해 본문을 보고 사실 질문을 만들어요.

❷ 본문에서 답을 찾아요.

나의 질문	답

2. 본문 공감을 위한 질문(생각과 느낌 질문)

❶ 본문에 나오는 인물이나 사건 등에 대한 생각이나 느낌을 묻는 질문을 만들어요.

❷ 여러 질문 중에 한 질문을 선택해 생각이나 느낌을 쓰고 다 같이 나눠요.

번호	질문
1	
2	
3	
선택 질문 번호	생각, 느낌

제 10 과

3. 본문 참여를 위한 질문

❶ 성경 본문 내용 속에 참여해 보아요.

❷ 내가 성경 속 사건을 만났거나 성경 속 인물이라면 어땠을지 만약에 라는 질문을 만들어 답을 써 보아요.

❸ 만든 질문의 답을 보고 또 질문을 만드는 꼬리에 꼬리를 무는 질문을 만들어요.

❹ 질문과 의견을 서로 나누어요.

질문1	
답	
질문2	
답	
질문3	
답	

주 따르기

1. 본문을 적용하기

❶ 본문에서 배운 것을 설명해 보아요.

• 본문에서 배운 말씀을 적어본다.

• 돌아가며 한 문장씩 말하거나 본문 말씀 전체의 줄거리를 말한다.

❷ 본문에서 배운 것을 삶에서 순종해요.

2. 요절 암송: 창세기 45장 8절 상반절

3. 기도하기

● 기도 제목을 서로 나누어요.

제 11 과

모세를 부르신 하나님

출애굽기 3장 ~ 4장 17절

주께 향하기

1. 기도하기

2. 일상생활 나누기: 우리 삶의 마음속 이야기를 나누어요.

3. 본문 살펴보기

❶ 성경 내용 소개하기: 인도자가 본문 전체의 줄거리를 간단하게 설명해요.

❷ 성경 읽기: 출애굽기 3장 ~ 4장 17절

❸ 중요한 낱말 찾기

❹ 중요한 문장 찾기

함께 배우기

1. 본문 이해를 위한 질문(사실 질문)

❶ 본문의 내용을 이해하기 위해 본문을 보고 사실 질문을 만들어요.

❷ 본문에서 답을 찾아요.

나의 질문	답

2. 본문 공감을 위한 질문(생각과 느낌 질문)

❶ 본문에 나오는 인물이나 사건 등에 대한 생각이나 느낌을 묻는 질문을 만들어요.

❷ 여러 질문 중에 한 질문을 선택해 생각이나 느낌을 쓰고 다 같이 나눠요.

번호	질문
1	
2	
3	
선택 질문 번호	생각, 느낌

제 11 과

3. 본문 참여를 위한 질문

❶ 성경 본문 내용 속에 참여해 보아요.

❷ 내가 성경 속 사건을 만났거나 성경 속 인물이라면 어땠을지 만약에 라는 질문을 만들어 답을 써 보아요.

❸ 만든 질문의 답을 보고 또 질문을 만드는 꼬리에 꼬리를 무는 질문을 만들어요.

❹ 질문과 의견을 서로 나누어요.

질문1	
답	
질문2	
답	
질문3	
답	

주 따르기

1. 본문을 적용하기

❶ 본문에서 배운 것을 설명해 보아요.

• 본문에서 배운 말씀을 적어본다.

• 돌아가며 한 문장씩 말하거나 본문 말씀 전체의 줄거리를 말한다.

❷ 본문에서 배운 것을 삶에서 순종해요.

2. 요절 암송: 출애굽기 3장 5절

3. 기도하기

● 기도 제목을 서로 나누어요.

제 12 과

홍해를 가르신 하나님

출애굽기 14장

주께 향하기

1. 기도하기

2. 일상생활 나누기: 우리 삶의 마음속 이야기를 나누어요.

3. 본문 살펴보기

❶ 성경 내용 소개하기: 인도자가 본문 전체의 줄거리를 간단하게 설명해요.

❷ 성경 읽기: 출애굽기 14장

❸ 중요한 낱말을 찾아 빙고 놀이하기

❹ 중요한 문장 찾기

주께 배우기

1. 본문 이해를 위한 질문(사실 질문)

❶ 본문의 내용을 이해하기 위해 본문을 보고 사실 질문을 만들어요.

❷ 본문에서 답을 찾아요.

나의 질문	답

2. 본문 공감을 위한 질문(생각과 느낌 질문)

❶ 본문에 나오는 인물이나 사건 등에 대한 생각이나 느낌을 묻는 질문을 만들어요.

❷ 여러 질문 중에 한 질문을 선택해 생각이나 느낌을 쓰고 다 같이 나눠요.

번호	질문
1	
2	
3	
선택 질문 번호	**생각, 느낌**

3. 본문 참여를 위한 질문

❶ 성경 본문 내용 속에 참여해 보아요.

❷ 내가 성경 속 사건을 만났거나 성경 속 인물이라면 어땠을지 만약에 라는 질문을 만들어 답을 써 보아요.

❸ 만든 질문의 답을 보고 또 질문을 만드는 꼬리에 꼬리를 무는 질문을 만들어요.

❹ 질문과 의견을 서로 나누어요.

질문1	
답	
질문2	
답	
질문3	
답	

주 따르기

1. 본문을 적용하기

❶ 본문에서 배운 것을 설명해 보아요.

• 본문에서 배운 말씀을 적어본다.

• 돌아가며 한 문장씩 말하거나 본문 말씀 전체의 줄거리를 말한다.

❷ 본문에서 배운 것을 삶에서 순종해요.

2. 요절 암송: 출애굽기 14장 14절

3. 기도하기

● 기도 제목을 서로 나누어요.

제 13 과

만나와 메추라기

출애굽기 16장 1 ~ 30절

주께 향하기

1. 기도하기

2. 일상생활 나누기: 우리 삶의 마음속 이야기를 나누어요.

3. 본문 살펴보기

❶ 성경 내용 소개하기: 인도자가 본문 전체의 줄거리를 간단하게 설명해요.

❷ 성경 읽기: 출애굽기 16장 1 ~ 30절

❸ 중요한 낱말을 찾아 빙고 놀이하기

❹ 중요한 문장 찾기

함께 배우기

1. 본문 이해를 위한 질문(사실 질문)

❶ 본문의 내용을 이해하기 위해 본문을 보고 사실 질문을 만들어요.

❷ 본문에서 답을 찾아요.

나의 질문	답

2. 본문 공감을 위한 질문(생각과 느낌 질문)

❶ 본문에 나오는 인물이나 사건 등에 대한 생각이나 느낌을 묻는 질문을 만들어요.

❷ 여러 질문 중에 한 질문을 선택해 생각이나 느낌을 쓰고 다 같이 나눠요.

번호	질문
1	
2	
3	
선택 질문 번호	생각, 느낌

제 13 과

3. 본문 참여를 위한 질문

❶ 성경 본문 내용 속에 참여해 보아요.

❷ 내가 성경 속 사건을 만났거나 성경 속 인물이라면 어땠을지 만약에 라는 질문을 만들어 답을 써 보아요.

❸ 만든 질문의 답을 보고 또 질문을 만드는 꼬리에 꼬리를 무는 질문을 만들어요.

❹ 질문과 의견을 서로 나누어요.

질문1	
답	
질문2	
답	
질문3	
답	

주 따르기

1. 본문을 적용하기

❶ 본문에서 배운 것을 설명해 보아요.

- 본문에서 배운 말씀을 적어본다.

- 돌아가며 한 문장씩 말하거나 본문 말씀 전체의 줄거리를 말한다.

❷ 본문에서 배운 것을 삶에서 순종해요.

2. 요절 암송: 출애굽기 16장 14절

3. 기도하기

● 기도 제목을 서로 나누어요.

제 14 과

열두명의 정탐군

민수기 14장 1 ~ 25절

주께 향하기

1. 기도하기

2. 일상생활 나누기: 우리 삶의 마음속 이야기를 나누어요.

3. 본문 살펴보기

❶ 성경 내용 소개하기: 인도자가 본문 전체의 줄거리를 간단하게 설명해요.

❷ 성경 읽기: 민수기 14장 1 ~ 25절

❸ 중요한 낱말을 찾아 빙고 놀이하기

❹ 중요한 문장 찾기

주께 배우기

1. 본문 이해를 위한 질문(사실 질문)

❶ 본문의 내용을 이해하기 위해 본문을 보고 사실 질문을 만들어요.

❷ 본문에서 답을 찾아요.

나의 질문	답

2. 본문 공감을 위한 질문(생각과 느낌 질문)

❶ 본문에 나오는 인물이나 사건 등에 대한 생각이나 느낌을 묻는 질문을 만들어요.

❷ 여러 질문 중에 한 질문을 선택해 생각이나 느낌을 쓰고 다 같이 나눠요.

번호	질문
1	
2	
3	
선택 질문 번호	**생각, 느낌**

제 14 과

3. 본문 참여를 위한 질문

❶ 성경 본문 내용 속에 참여해 보아요.

❷ 내가 성경 속 사건을 만났거나 성경 속 인물이라면 어땠을지 만약에 라는 질문을 만들어 답을 써 보아요.

❸ 만든 질문의 답을 보고 또 질문을 만드는 꼬리에 꼬리를 무는 질문을 만들어요.

❹ 질문과 의견을 서로 나누어요.

질문1	
답	
질문2	
답	
질문3	
답	

주 따르기

1. 본문을 적용하기

❶ 본문에서 배운 것을 설명해 보아요.

• 본문에서 배운 말씀을 적어본다.

• 돌아가며 한 문장씩 말하거나 본문 말씀 전체의 줄거리를 말한다.

❷ 본문에서 배운 것을 삶에서 순종해요.

2. 요절 암송: 민수기 14장 8절

3. 기도하기

● 기도 제목을 서로 나누어요.

제 15 과

무너진 여리고 성

여호수아 6장

주께 향하기

1. 기도하기

2. 일상생활 나누기: 우리 삶의 마음속 이야기를 나누어요.

3. 본문 살펴보기

❶ 성경 내용 소개하기: 인도자가 본문 전체의 줄거리를 간단하게 설명해요.

❷ 성경 읽기: 여호수아 6장

❸ 중요한 낱말 찾기

❹ 중요한 문장 찾기

주께 배우기

1. 본문 이해를 위한 질문(사실 질문)

❶ 본문의 내용을 이해하기 위해 본문을 보고 사실 질문을 만들어요.

❷ 본문에서 답을 찾아요.

나의 질문	답

2. 본문 공감을 위한 질문(생각과 느낌 질문)

❶ 본문에 나오는 인물이나 사건 등에 대한 생각이나 느낌을 묻는 질문을 만들어요.

❷ 여러 질문 중에 한 질문을 선택해 생각이나 느낌을 쓰고 다 같이 나눠요.

번호	질문
1	
2	
3	
선택 질문 번호	생각, 느낌

제 15 과

3. 본문 참여를 위한 질문

❶ 성경 본문 내용 속에 참여해 보아요.

❷ 내가 성경 속 사건을 만났거나 성경 속 인물이라면 어땠을지 만약에 라는 질문을 만들어 답을 써 보아요.

❸ 만든 질문의 답을 보고 또 질문을 만드는 꼬리에 꼬리를 무는 질문을 만들어요.

❹ 질문과 의견을 서로 나누어요.

질문1	
답	
질문2	
답	
질문3	
답	

주 따르기

1. 본문을 적용하기

❶ 본문에서 배운 것을 설명해 보아요.

• 본문에서 배운 말씀을 적어본다.

• 돌아가며 한 문장씩 말하거나 본문 말씀 전체의 줄거리를 말한다.

❷ 본문에서 배운 것을 삶에서 순종해요.

2. 요절 암송: 여호수아 6장 27절

3. 기도하기

● 기도 제목을 서로 나누어요.

제 16 과

삼손과 들릴라

사사기 16장

주께 향하기

1. 기도하기

2. 일상생활 나누기: 우리 삶의 마음속 이야기를 나누어요.

3. 본문 살펴보기

❶ 성경 내용 소개하기: 인도자가 본문 전체의 줄거리를 간단하게 설명해요.

❷ 성경 읽기: 사사기 16장

❸ 중요한 낱말을 찾아 빙고 놀이하기

❹ 중요한 문장 찾기

주께 배우기

1. 본문 이해를 위한 질문(사실 질문)

❶ 본문의 내용을 이해하기 위해 본문을 보고 사실 질문을 만들어요.

❷ 본문에서 답을 찾아요.

나의 질문	답

2. 본문 공감을 위한 질문(생각과 느낌 질문)

❶ 본문에 나오는 인물이나 사건 등에 대한 생각이나 느낌을 묻는 질문을 만들어요.

❷ 여러 질문 중에 한 질문을 선택해 생각이나 느낌을 쓰고 다 같이 나눠요.

번호	질문
1	
2	
3	
선택 질문 번호	생각, 느낌

3. 본문 참여를 위한 질문

❶ 성경 본문 내용 속에 참여해 보아요.

❷ 내가 성경 속 사건을 만났거나 성경 속 인물이라면 어땠을지 만약에 라는 질문을 만들어 답을 써 보아요.

❸ 만든 질문의 답을 보고 또 질문을 만드는 꼬리에 꼬리를 무는 질문을 만들어요.

❹ 질문과 의견을 서로 나누어요.

질문1	
답	
질문2	
답	
질문3	
답	

주 따르기

1. 본문을 적용하기

❶ 본문에서 배운 것을 설명해 보아요.

- 본문에서 배운 말씀을 적어본다.

- 돌아가며 한 문장씩 말하거나 본문 말씀 전체의 줄거리를 말한다.

❷ 본문에서 배운 것을 삶에서 순종해요.

2. 요절 암송: 사사기 16장 28절

3. 기도하기

- 기도 제목을 서로 나누어요.

제
17
과

하나님을 붙잡은 룻

룻기 1장 1 ~ 18절

주께 향하기

1. 기도하기

2. 일상생활 나누기: 우리 삶의 마음속 이야기를 나누어요.

3. 본문 살펴보기

   ❶ 성경 내용 소개하기: 인도자가 본문 전체의 줄거리를 간단하게 설명해요.

   ❷ 성경 읽기: 룻기 1장 1 ~ 18절

   ❸ 중요한 낱말 찾기

   ❹ 중요한 문장 찾기

주께 배우기

1. 본문 이해를 위한 질문(사실 질문)

❶ 본문의 내용을 이해하기 위해 본문을 보고 사실 질문을 만들어요.

❷ 본문에서 답을 찾아요.

나의 질문	답

2. 본문 공감을 위한 질문(생각과 느낌 질문)

❶ 본문에 나오는 인물이나 사건 등에 대한 생각이나 느낌을 묻는 질문을 만들어요.

❷ 여러 질문 중에 한 질문을 선택해 생각이나 느낌을 쓰고 다 같이 나눠요.

번호	질문
1	
2	
3	
선택 질문 번호	**생각, 느낌**

3. 본문 참여를 위한 질문

❶ 성경 본문 내용 속에 참여해 보아요.

❷ 내가 성경 속 사건을 만났거나 성경 속 인물이라면 어땠을지 만약에 라는 질문을 만들어 답을 써 보아요.

❸ 만든 질문의 답을 보고 또 질문을 만드는 꼬리에 꼬리를 무는 질문을 만들어요.

❹ 질문과 의견을 서로 나누어요.

질문1	
답	
질문2	
답	
질문3	
답	

주 따르기

1. 본문을 적용하기

❶ 본문에서 배운 것을 설명해 보아요.

- 본문에서 배운 말씀을 적어본다.

- 돌아가며 한 문장씩 말하거나 본문 말씀 전체의 줄거리를 말한다.

❷ 본문에서 배운 것을 삶에서 순종해요.

2. 요절 암송: 룻기 1장 16절

3. 기도하기

● 기도 제목을 서로 나누어요.

제 18 과

사무엘을 부르신 하나님

사무엘상 3장

주께 향하기

1. 기도하기

2. 일상생활 나누기: 우리 삶의 마음속 이야기를 나누어요.

3. 본문 살펴보기

❶ 성경 내용 소개하기: 인도자가 본문 전체의 줄거리를 간단하게 설명해요.

❷ 성경 읽기: 사무엘상 3장

❸ 중요한 낱말을 찾아 빙고 놀이하기

❹ 중요한 문장 찾기

주께 배우기

1. 본문 이해를 위한 질문(사실 질문)

❶ 본문의 내용을 이해하기 위해 본문을 보고 사실 질문을 만들어요.

❷ 본문에서 답을 찾아요.

나의 질문	답

2. 본문 공감을 위한 질문(생각과 느낌 질문)

❶ 본문에 나오는 인물이나 사건 등에 대한 생각이나 느낌을 묻는 질문을 만들어요.

❷ 여러 질문 중에 한 질문을 선택해 생각이나 느낌을 쓰고 다 같이 나눠요.

번호	질문
1	
2	
3	
선택 질문 번호	생각, 느낌

3. 본문 참여를 위한 질문

❶ 성경 본문 내용 속에 참여해 보아요.

❷ 내가 성경 속 사건을 만났거나 성경 속 인물이라면 어땠을지 만약에 라는 질문을 만들어 답을 써 보아요.

❸ 만든 질문의 답을 보고 또 질문을 만드는 꼬리에 꼬리를 무는 질문을 만들어요.

❹ 질문과 의견을 서로 나누어요.

질문1	
답	
질문2	
답	
질문3	
답	

주 따르기

1. 본문을 적용하기

❶ 본문에서 배운 것을 설명해 보아요.

- 본문에서 배운 말씀을 적어본다.

- 돌아가며 한 문장씩 말하거나 본문 말씀 전체의 줄거리를 말한다.

❷ 본문에서 배운 것을 삶에서 순종해요.

2. 요절 암송: 사무엘상 3장 19절

3. 기도하기

- 기도 제목을 서로 나누어요.

제
19
과

이스라엘의 첫 번째 왕, 사울

사무엘상 10장 17 ~ 27절

주께 향하기

1. 기도하기

2. 일상생활 나누기: 우리 삶의 마음속 이야기를 나누어요.

3. 본문 살펴보기

❶ 성경 내용 소개하기: 인도자가 본문 전체의 줄거리를 간단하게 설명해요.

❷ 성경 읽기: 사무엘상 10장 17 ~ 27절

❸ 중요한 낱말 찾기

❹ 중요한 문장 찾기

주께 배우기

1. 본문 이해를 위한 질문(사실 질문)

❶ 본문의 내용을 이해하기 위해 본문을 보고 사실 질문을 만들어요.

❷ 본문에서 답을 찾아요.

나의 질문	답

2. 본문 공감을 위한 질문(생각과 느낌 질문)

❶ 본문에 나오는 인물이나 사건 등에 대한 생각이나 느낌을 묻는 질문을 만들어요.

❷ 여러 질문 중에 한 질문을 선택해 생각이나 느낌을 쓰고 다 같이 나눠요.

번호	질문
1	
2	
3	
선택 질문 번호	생각, 느낌

제 19 과

3. 본문 참여를 위한 질문

❶ 성경 본문 내용 속에 참여해 보아요.

❷ 내가 성경 속 사건을 만났거나 성경 속 인물이라면 어땠을지 만약에 라는 질문을 만들어 답을 써 보아요.

❸ 만든 질문의 답을 보고 또 질문을 만드는 꼬리에 꼬리를 무는 질문을 만들어요.

❹ 질문과 의견을 서로 나누어요.

질문1	
답	
질문2	
답	
질문3	
답	

주 따르기

1. 본문을 적용하기

❶ 본문에서 배운 것을 설명해 보아요.

- 본문에서 배운 말씀을 적어본다.

- 돌아가며 한 문장씩 말하거나 본문 말씀 전체의 줄거리를 말한다.

❷ 본문에서 배운 것을 삶에서 순종해요.

2. 요절 암송: 사무엘상 10장 27절

3. 기도하기

- 기도 제목을 서로 나누어요.

제 20 과

골리앗을 이긴 다윗

사무엘상 17장 31 ~ 54절

주께 향하기

1. 기도하기

2. 일상생활 나누기: 우리 삶의 마음속 이야기를 나누어요.

3. 본문 살펴보기

❶ 성경 내용 소개하기: 인도자가 본문 전체의 줄거리를 간단하게 설명해요.

❷ 성경 읽기: 사무엘상 17장 31 ~ 54절

❸ 중요한 낱말 찾기

❹ 중요한 문장 찾기

주께 배우기

1. 본문 이해를 위한 질문(사실 질문)

❶ 본문의 내용을 이해하기 위해 본문을 보고 사실 질문을 만들어요.

❷ 본문에서 답을 찾아요.

나의 질문	답

2. 본문 공감을 위한 질문(생각과 느낌 질문)

❶ 본문에 나오는 인물이나 사건 등에 대한 생각이나 느낌을 묻는 질문을 만들어요.

❷ 여러 질문 중에 한 질문을 선택해 생각이나 느낌을 쓰고 다 같이 나눠요.

번호	질문
1	
2	
3	
선택 질문 번호	생각, 느낌

3. 본문 참여를 위한 질문

❶ 성경 본문 내용 속에 참여해 보아요.

❷ 내가 성경 속 사건을 만났거나 성경 속 인물이라면 어땠을지 만약에 라는 질문을 만들어 답을 써 보아요.

❸ 만든 질문의 답을 보고 또 질문을 만드는 꼬리에 꼬리를 무는 질문을 만들어요.

❹ 질문과 의견을 서로 나누어요.

질문1	
답	
질문2	
답	
질문3	
답	

주 따르기

1. 본문을 적용하기

❶ 본문에서 배운 것을 설명해 보아요.

• 본문에서 배운 말씀을 적어본다.

• 돌아가며 한 문장씩 말하거나 본문 말씀 전체의 줄거리를 말한다.

❷ 본문에서 배운 것을 삶에서 순종해요.

2. 요절 암송: 사무엘상 17장 47절

3. 기도하기

● 기도 제목을 서로 나누어요.

제 21 과

이스라엘의 왕이 된 다윗

사무엘하 5장 1 ~ 12절

주께 향하기

1. 기도하기

2. 일상생활 나누기: 우리 삶의 마음속 이야기를 나누어요.

3. 본문 살펴보기

❶ 성경 내용 소개하기: 인도자가 본문 전체의 줄거리를 간단하게 설명해요.

❷ 성경 읽기: 사무엘하 5장 1 ~ 12절

❸ 중요한 낱말 찾기

❹ 중요한 문장 찾기

주께 배우기

1. 본문 이해를 위한 질문(사실 질문)

❶ 본문의 내용을 이해하기 위해 본문을 보고 사실 질문을 만들어요.

❷ 본문에서 답을 찾아요.

나의 질문	답

2. 본문 공감을 위한 질문(생각과 느낌 질문)

❶ 본문에 나오는 인물이나 사건 등에 대한 생각이나 느낌을 묻는 질문을 만들어요.

❷ 여러 질문 중에 한 질문을 선택해 생각이나 느낌을 쓰고 다 같이 나눠요.

번호	질문
1	
2	
3	
선택 질문 번호	생각, 느낌

3. 본문 참여를 위한 질문

❶ 성경 본문 내용 속에 참여해 보아요.

❷ 내가 성경 속 사건을 만났거나 성경 속 인물이라면 어땠을지 만약에 라는 질문을 만들어 답을 써 보아요.

❸ 만든 질문의 답을 보고 또 질문을 만드는 꼬리에 꼬리를 무는 질문을 만들어요.

❹ 질문과 의견을 서로 나누어요.

질문1	
답	
질문2	
답	
질문3	
답	

주 따르기

1. 본문을 적용하기

❶ 본문에서 배운 것을 설명해 보아요.

• 본문에서 배운 말씀을 적어본다.

• 돌아가며 한 문장씩 말하거나 본문 말씀 전체의 줄거리를 말한다.

❷ 본문에서 배운 것을 삶에서 순종해요.

2. 요절 암송: 사무엘하 5장 10절

3. 기도하기

● 기도 제목을 서로 나누어요.

제 22 과

여호와는 나의 목자

시편 23편

주께 향하기

1. 기도하기

2. 일상생활 나누기: 우리 삶의 마음속 이야기를 나누어요.

3. 본문 살펴보기

❶ 성경 내용 소개하기: 인도자가 본문 전체의 줄거리를 간단하게 설명해요.

❷ 성경 읽기: 시편 23편

❸ 중요한 낱말 찾기

❹ 중요한 문장 찾기

주께 배우기

1. 본문 이해를 위한 질문(사실 질문)

❶ 다윗 왕에게 질문을 해요(생각, 느낌 질문)

①

②

③

❷ 다윗 왕의 역할을 인도자 자녀(학생) 순으로 해 보아요. 다윗 왕의 심정이 되어 질문에 답해요.

2. 본문 공감을 위한 질문(생각과 느낌 질문)

❶ 본문에 나오는 인물이나 사건 등에 대한 생각이나 느낌을 묻는 질문을 만들어요.

❷ 여러 질문 중에 한 질문을 선택해 생각이나 느낌을 쓰고 다 같이 나눠요.

번호	질문
1	
2	
3	
선택 질문 번호	생각, 느낌

제 22 과

3. 본문 참여를 위한 질문

❶ 성경 본문 내용 속에 참여해 보아요.

❷ 내가 성경 속 사건을 만났거나 성경 속 인물이라면 어땠을지 만약에 라는 질문을 만들어 답을 써 보아요.

❸ 만든 질문의 답을 보고 또 질문을 만드는 꼬리에 꼬리를 무는 질문을 만들어요.

❹ 질문과 의견을 서로 나누어요.

질문1	
답	
질문2	
답	
질문3	
답	

주 따르기

1. 본문을 적용하기

❶ 본문에서 배운 것을 설명해 보아요.

•본문에서 배운 말씀을 적어본다.

•돌아가며 한 문장씩 말하거나 본문 말씀 전체의 줄거리를 말한다.

❷ 본문에서 배운 것을 삶에서 순종해요.

2. 요절 암송: 시편 23편 1절

3. 기도하기

● 기도 제목을 서로 나누어요.

제 23 과

지혜로운 왕 솔로몬

열왕기상 3장 4 ~ 28절

주께 향하기

1. 기도하기

2. 일상생활 나누기: 우리 삶의 마음속 이야기를 나누어요.

3. 본문 살펴보기

   ❶ 성경 내용 소개하기: 인도자가 본문 전체의 줄거리를 간단하게 설명해요.

   ❷ 성경 읽기: 열왕기상 3장 4 ~ 28절

   ❸ 중요한 낱말 찾기

   ❹ 중요한 문장 찾기

함께 배우기

1. 본문 이해를 위한 질문(사실 질문)

❶ 본문의 내용을 이해하기 위해 본문을 보고 사실 질문을 만들어요.

❷ 본문에서 답을 찾아요.

나의 질문	답

2. 본문 공감을 위한 질문(생각과 느낌 질문)

❶ 본문에 나오는 인물이나 사건 등에 대한 생각이나 느낌을 묻는 질문을 만들어요.

❷ 여러 질문 중에 한 질문을 선택해 생각이나 느낌을 쓰고 다 같이 나눠요.

번호	질문
1	
2	
3	
선택 질문 번호	**생각, 느낌**

3. 본문 참여를 위한 질문

❶ 성경 본문 내용 속에 참여해 보아요.

❷ 내가 성경 속 사건을 만났거나 성경 속 인물이라면 어땠을지 만약에 라는 질문을 만들어 답을 써 보아요.

❸ 만든 질문의 답을 보고 또 질문을 만드는 꼬리에 꼬리를 무는 질문을 만들어요.

❹ 질문과 의견을 서로 나누어요.

질문1	
답	
질문2	
답	
질문3	
답	

주 따르기

1. 본문을 적용하기

   ❶ 본문에서 배운 것을 설명해 보아요.

   • 본문에서 배운 말씀을 적어본다.

   • 돌아가며 한 문장씩 말하거나 본문 말씀 전체의 줄거리를 말한다.

   ❷ 본문에서 배운 것을 삶에서 순종해요.

2. 요절 암송: 열왕기상 3장 14절

3. 기도하기

   ● 기도 제목을 서로 나누어요.

제
24
과

둘로 나누어진 이스라엘

열왕기상 12장 1 ~ 20절

주께 향하기

1. 기도하기

2. 일상생활 나누기: 우리 삶의 마음속 이야기를 나누어요.

3. 본문 살펴보기

❶ 성경 내용 소개하기: 인도자가 본문 전체의 줄거리를 간단하게 설명해요.

❷ 성경 읽기: 열왕기상 12장 1 ~ 20절

❸ 중요한 낱말 찾기

❹ 중요한 문장 찾기

주께 배우기

1. 본문 이해를 위한 질문(사실 질문)

❶ 본문의 내용을 이해하기 위해 본문을 보고 사실 질문을 만들어요.

❷ 본문에서 답을 찾아요.

나의 질문	답

2. 본문 공감을 위한 질문(생각과 느낌 질문)

❶ 본문에 나오는 인물이나 사건 등에 대한 생각이나 느낌을 묻는 질문을 만들어요.

❷ 여러 질문 중에 한 질문을 선택해 생각이나 느낌을 쓰고 다 같이 나눠요.

번호	질문
1	
2	
3	
선택 질문 번호	**생각, 느낌**

제 24 과

3. 본문 참여를 위한 질문

❶ 성경 본문 내용 속에 참여해 보아요.

❷ 내가 성경 속 사건을 만났거나 성경 속 인물이라면 어땠을지 만약에 라는 질문을 만들어 답을 써 보아요.

❸ 만든 질문의 답을 보고 또 질문을 만드는 꼬리에 꼬리를 무는 질문을 만들어요.

❹ 질문과 의견을 서로 나누어요.

질문1	
답	
질문2	
답	
질문3	
답	

주 따르기

1. 본문을 적용하기

❶ 본문에서 배운 것을 설명해 보아요.

• 본문에서 배운 말씀을 적어본다.

• 돌아가며 한 문장씩 말하거나 본문 말씀 전체의 줄거리를 말한다.

❷ 본문에서 배운 것을 삶에서 순종해요.

2. 요절 암송: 열왕기상 12장 15절

3. 기도하기

● 기도 제목을 서로 나누어요.

제 25 과

엘리야와 바알 선지자들

열왕기상 18장

주께 향하기

1. 기도하기

2. 일상생활 나누기: 우리 삶의 마음속 이야기를 나누어요.

3. 본문 살펴보기

❶ 성경 내용 소개하기: 인도자가 본문 전체의 줄거리를 간단하게 설명해요.

❷ 성경 읽기: 열왕기상 18장

❸ 중요한 낱말을 찾아 빙고 놀이하기

❹ 중요한 문장 찾기

주께 배우기

1. 본문 이해를 위한 질문(사실 질문)

❶ 본문의 내용을 이해하기 위해 본문을 보고 사실 질문을 만들어요.

❷ 본문에서 답을 찾아요.

나의 질문	답

2. 본문 공감을 위한 질문(생각과 느낌 질문)

❶ 본문에 나오는 인물이나 사건 등에 대한 생각이나 느낌을 묻는 질문을 만들어요.

❷ 여러 질문 중에 한 질문을 선택해 생각이나 느낌을 쓰고 다 같이 나눠요.

번호	질문
1	
2	
3	
선택 질문 번호	생각, 느낌

제 25 과

3. 본문 참여를 위한 질문

❶ 성경 본문 내용 속에 참여해 보아요.

❷ 내가 성경 속 사건을 만났거나 성경 속 인물이라면 어땠을지 만약에 라는 질문을 만들어 답을 써 보아요.

❸ 만든 질문의 답을 보고 또 질문을 만드는 꼬리에 꼬리를 무는 질문을 만들어요.

❹ 질문과 의견을 서로 나누어요.

질문1	
답	
질문2	
답	
질문3	
답	

주 따르기

1. 본문을 적용하기

❶ 본문에서 배운 것을 설명해 보아요.

• 본문에서 배운 말씀을 적어본다.

• 돌아가며 한 문장씩 말하거나 본문 말씀 전체의 줄거리를 말한다.

❷ 본문에서 배운 것을 삶에서 순종해요.

2. 요절 암송: 열왕기상 18장 39절

3. 기도하기

● 기도 제목을 서로 나누어요.

제 26 과

하나님의 말씀을 어긴 요나

요나 1장

주께 향하기

1. 기도하기

2. 일상생활 나누기: 우리 삶의 마음속 이야기를 나누어요.

3. 본문 살펴보기

❶ 성경 내용 소개하기: 인도자가 본문 전체의 줄거리를 간단하게 설명해요.

❷ 성경 읽기: 요나 1장

❸ 중요한 낱말 찾기

❹ 중요한 문장 찾기

주께 배우기

1. 본문 이해를 위한 질문(사실 질문)

❶ 본문의 내용을 이해하기 위해 본문을 보고 사실 질문을 만들어요.

❷ 본문에서 답을 찾아요.

나의 질문	답

2. 본문 공감을 위한 질문(생각과 느낌 질문)

❶ 본문에 나오는 인물이나 사건 등에 대한 생각이나 느낌을 묻는 질문을 만들어요.

❷ 여러 질문 중에 한 질문을 선택해 생각이나 느낌을 쓰고 다 같이 나눠요.

번호	질문
1	
2	
3	
선택 질문 번호	**생각, 느낌**

3. 본문 참여를 위한 질문

❶ 성경 본문 내용 속에 참여해 보아요.

❷ 내가 성경 속 사건을 만났거나 성경 속 인물이라면 어땠을지 만약에 라는 질문을 만들어 답을 써 보아요.

❸ 만든 질문의 답을 보고 또 질문을 만드는 꼬리에 꼬리를 무는 질문을 만들어요.

❹ 질문과 의견을 서로 나누어요.

질문1	
답	
질문2	
답	
질문3	
답	

주 따르기

1. 본문을 적용하기

❶ 본문에서 배운 것을 설명해 보아요.

- 본문에서 배운 말씀을 적어본다.

- 돌아가며 한 문장씩 말하거나 본문 말씀 전체의 줄거리를 말한다.

❷ 본문에서 배운 것을 삶에서 순종해요.

2. 요절 암송: 요나 1장 16절

3. 기도하기

- 기도 제목을 서로 나누어요.

제 27 과

포로로 잡혀간 이스라엘

열왕기하 25장 1 ~ 21절

주께 향하기

1. 기도하기

2. 일상생활 나누기: 우리 삶의 마음속 이야기를 나누어요.

3. 본문 살펴보기

❶ 성경 내용 소개하기: 인도자가 본문 전체의 줄거리를 간단하게 설명해요.

❷ 성경 읽기: 열왕기하 25장 1 ~ 21절

❸ 중요한 낱말을 찾아 빙고 놀이하기

❹ 중요한 문장 찾기

주제 배우기

1. 본문 이해를 위한 질문(사실 질문)

❶ 본문의 내용을 이해하기 위해 본문을 보고 사실 질문을 만들어요.

❷ 본문에서 답을 찾아요.

나의 질문	답

2. 본문 공감을 위한 질문(생각과 느낌 질문)

❶ 본문에 나오는 인물이나 사건 등에 대한 생각이나 느낌을 묻는 질문을 만들어요.

❷ 여러 질문 중에 한 질문을 선택해 생각이나 느낌을 쓰고 다 같이 나눠요.

번호	질문
1	
2	
3	
선택 질문 번호	**생각, 느낌**

3. 본문 참여를 위한 질문

❶ 성경 본문 내용 속에 참여해 보아요.

❷ 내가 성경 속 사건을 만났거나 성경 속 인물이라면 어땠을지 만약에 라는 질문을 만들어 답을 써 보아요.

❸ 만든 질문의 답을 보고 또 질문을 만드는 꼬리에 꼬리를 무는 질문을 만들어요.

❹ 질문과 의견을 서로 나누어요.

질문1	
답	
질문2	
답	
질문3	
답	

주 따르기

1. 본문을 적용하기

❶ 본문에서 배운 것을 설명해 보아요.

• 본문에서 배운 말씀을 적어본다.

• 돌아가며 한 문장씩 말하거나 본문 말씀 전체의 줄거리를 말한다.

❷ 본문에서 배운 것을 삶에서 순종해요.

2. 요절 암송: 열왕기하 25장 7절

3. 기도하기

● 기도 제목을 서로 나누어요.

제 28 과

믿음이 깊은 욥의 이야기

욥기 1장, 욥기 42장 10 ~ 17절

주께 향하기

1. 기도하기

2. 일상생활 나누기: 우리 삶의 마음속 이야기를 나누어요.

3. 본문 살펴보기

❶ 성경 내용 소개하기: 인도자가 본문 전체의 줄거리를 간단하게 설명해요.

❷ 성경 읽기: 욥기 1장, 욥기 42장 10 ~ 17절

❸ 중요한 낱말 찾기

❹ 중요한 문장 찾기

주께 배우기

1. 본문 이해를 위한 질문(사실 질문)

❶ 본문의 내용을 이해하기 위해 본문을 보고 사실 질문을 만들어요.

❷ 본문에서 답을 찾아요.

나의 질문	답

2. 본문 공감을 위한 질문(생각과 느낌 질문)

❶ 본문에 나오는 인물이나 사건 등에 대한 생각이나 느낌을 묻는 질문을 만들어요.

❷ 여러 질문 중에 한 질문을 선택해 생각이나 느낌을 쓰고 다 같이 나눠요.

번호	질문
1	
2	
3	
선택 질문 번호	생각, 느낌

제 28 과

3. 본문 참여를 위한 질문

❶ 성경 본문 내용 속에 참여해 보아요.

❷ 내가 성경 속 사건을 만났거나 성경 속 인물이라면 어땠을지 만약에 라는 질문을 만들어 답을 써 보아요.

❸ 만든 질문의 답을 보고 또 질문을 만드는 꼬리에 꼬리를 무는 질문을 만들어요.

❹ 질문과 의견을 서로 나누어요.

질문1	
답	
질문2	
답	
질문3	
답	

주 따르기

1. 본문을 적용하기

❶ 본문에서 배운 것을 설명해 보아요.

• 본문에서 배운 말씀을 적어본다.

• 돌아가며 한 문장씩 말하거나 본문 말씀 전체의 줄거리를 말한다.

❷ 본문에서 배운 것을 삶에서 순종해요.

2. 요절 암송: 욥기 1장 21절

3. 기도하기

● 기도 제목을 서로 나누어요.

하나님께 순종한 다니엘

다니엘 6장

주께 향하기

1. 기도하기

2. 일상생활 나누기: 우리 삶의 마음속 이야기를 나누어요.

3. 본문 살펴보기

❶ 성경 내용 소개하기: 인도자가 본문 전체의 줄거리를 간단하게 설명해요.

❷ 성경 읽기: 다니엘 6장

❸ 중요한 낱말을 찾아 빙고 놀이하기

❹ 중요한 문장 찾기

주께 배우기

1. 본문 이해를 위한 질문(사실 질문)

❶ 다니엘에게 질문을 해요(생각, 느낌 질문)

①

②

③

❷ 다니엘의 역할을 인도자 자녀(학생) 순으로 해 보아요. 다니엘의 심정이 되어 질문에 답해요.

2. 본문 공감을 위한 질문(생각과 느낌 질문)

❶ 본문에 나오는 인물이나 사건 등에 대한 생각이나 느낌을 묻는 질문을 만들어요.

❷ 여러 질문 중에 한 질문을 선택해 생각이나 느낌을 쓰고 다 같이 나눠요.

번호	질문
1	
2	
3	
선택 질문 번호	**생각, 느낌**

제 29 과

3. 본문 참여를 위한 질문

❶ 성경 본문 내용 속에 참여해 보아요.

❷ 내가 성경 속 사건을 만났거나 성경 속 인물이라면 어땠을지 만약에 라는 질문을 만들어 답을 써 보아요.

❸ 만든 질문의 답을 보고 또 질문을 만드는 꼬리에 꼬리를 무는 질문을 만들어요.

❹ 질문과 의견을 서로 나누어요.

질문1	
답	
질문2	
답	
질문3	
답	

주 따르기

1. 본문을 적용하기

❶ 본문에서 배운 것을 설명해 보아요.

• 본문에서 배운 말씀을 적어본다.

• 돌아가며 한 문장씩 말하거나 본문 말씀 전체의 줄거리를 말한다.

❷ 본문에서 배운 것을 삶에서 순종해요.

2. 요절 암송: 다니엘 6장 26하 ~ 27절

3. 기도하기

● 기도 제목을 서로 나누어요.

제 30 과

믿음의 여인 에스더

에스더 4장

주께 향하기

1. 기도하기

2. 일상생활 나누기: 우리 삶의 마음속 이야기를 나누어요.

3. 본문 살펴보기

❶ 성경 내용 소개하기: 인도자가 본문 전체의 줄거리를 간단하게 설명해요.

❷ 성경 읽기: 에스더 4장

❸ 중요한 낱말을 찾아 빙고 놀이하기

❹ 중요한 문장 찾기

주께 배우기

1. 본문 이해를 위한 질문(사실 질문)

❶ 에스더에게 질문을 해요(생각, 느낌 질문)

①

②

③

❷ 에스더의 역할을 인도자 자녀(학생) 순으로 해 보아요. 다니엘의 심정이 되어 질문에 답해요.

2. 본문 공감을 위한 질문(생각과 느낌 질문)

❶ 본문에 나오는 인물이나 사건 등에 대한 생각이나 느낌을 묻는 질문을 만들어요.

❷ 여러 질문 중에 한 질문을 선택해 생각이나 느낌을 쓰고 다 같이 나눠요.

번호	질문
1	
2	
3	
선택 질문 번호	**생각, 느낌**

3. 본문 참여를 위한 질문

❶ 성경 본문 내용 속에 참여해 보아요.

❷ 내가 성경 속 사건을 만났거나 성경 속 인물이라면 어땠을지 만약에 라는 질문을 만들어 답을 써 보아요.

❸ 만든 질문의 답을 보고 또 질문을 만드는 꼬리에 꼬리를 무는 질문을 만들어요.

❹ 질문과 의견을 서로 나누어요.

질문1	
답	
질문2	
답	
질문3	
답	

주 따르기

1. 본문을 적용하기

❶ 본문에서 배운 것을 설명해 보아요.

• 본문에서 배운 말씀을 적어본다.

• 돌아가며 한 문장씩 말하거나 본문 말씀 전체의 줄거리를 말한다.

❷ 본문에서 배운 것을 삶에서 순종해요.

2. 요절 암송: 에스더 4장 14절

3. 기도하기

● 기도 제목을 서로 나누어요.

신약편

제 1 과

예수님의 탄생

마태복음 1장 17 ~ 25절

주께 향하기

1. 기도하기

2. 일상생활 나누기: 우리 삶의 마음속 이야기를 나누어요.

3. 본문 살펴보기

❶ 성경 내용 소개하기: 인도자가 본문 전체의 줄거리를 간단하게 설명해요.

❷ 성경 읽기: 마태복음 1장 17 ~ 25절

❸ 중요한 낱말 찾기

❹ 중요한 문장 찾기

주께 배우기

1. 본문 이해를 위한 질문(사실 질문)

❶ 본문의 내용을 이해하기 위해 본문을 보고 사실 질문을 만들어요.

❷ 본문에서 답을 찾아요.

나의 질문	답

2. 본문 공감을 위한 질문(생각과 느낌 질문)

❶ 본문에 나오는 인물이나 사건 등에 대한 생각이나 느낌을 묻는 질문을 만들어요.

❷ 여러 질문 중에 한 질문을 선택해 생각이나 느낌을 쓰고 다 같이 나눠요.

번호	질문
1	
2	
3	
선택 질문 번호	**생각, 느낌**

3. 본문 참여를 위한 질문(적용 질문)

❶ 성경 본문 내용 속에 참여해 보아요.

❷ 내가 성경 속 사건을 만났거나 성경 속 인물이라면 어땠을지 만약에 라는 질문을 만들어 답을 써 보아요.

❸ 만든 질문의 답을 보고 또 질문을 만드는 꼬리에 꼬리를 무는 질문을 만들어요.

❹ 질문과 의견을 서로 나누어요.

질문1	
답	
질문2	
답	
질문3	
답	

주 따르기

1. 본문을 적용하기

❶ 본문에서 배운 것을 설명해 보아요.

• 본문에서 배운 말씀을 적어본다.

• 돌아가며 한 문장씩 말하거나 본문 말씀 전체의 줄거리를 말한다.

❷ 본문에서 배운 것을 삶에서 순종해요.

2. 요절 암송: 마태복음 1장 21절

3. 기도하기

● 기도 제목을 서로 나누어요.

제 2 과

마귀에게 시험을 받으신 예수님

누가복음 4장 1 ~ 13절

주께 향하기

1. 기도하기

2. 일상생활 나누기: 우리 삶의 마음속 이야기를 나누어요.

3. 본문 살펴보기

   ❶ 성경 내용 소개하기: 인도자가 본문 전체의 줄거리를 간단하게 설명해요.

   ❷ 성경 읽기: 누가복음 4장 1 ~ 13절

   ❸ 중요한 낱말 찾기

   ❹ 중요한 문장 찾기

주께 배우기

1. 본문 이해를 위한 질문(사실 질문)

❶ 본문의 내용을 이해하기 위해 본문을 보고 사실 질문을 만들어요.

❷ 본문에서 답을 찾아요.

나의 질문	답

2. 본문 공감을 위한 질문(생각과 느낌 질문)

❶ 본문에 나오는 인물이나 사건 등에 대한 생각이나 느낌을 묻는 질문을 만들어요.

❷ 여러 질문 중에 한 질문을 선택해 생각이나 느낌을 쓰고 다 같이 나눠요.

번호	질문
1	
2	
3	
선택 질문 번호	**생각, 느낌**

제 2 과

3. 본문 참여를 위한 질문

❶ 성경 본문 내용 속에 참여해 보아요.

❷ 내가 성경 속 사건을 만났거나 성경 속 인물이라면 어땠을지 만약에 라는 질문을 만들어 답을 써 보아요.

❸ 만든 질문의 답을 보고 또 질문을 만드는 꼬리에 꼬리를 무는 질문을 만들어요.

❹ 질문과 의견을 서로 나누어요.

질문1	
답	
질문2	
답	
질문3	
답	

주 따르기

1. 본문을 적용하기

❶ 본문에서 배운 것을 설명해 보아요.

• 본문에서 배운 말씀을 적어본다.

• 돌아가며 한 문장씩 말하거나 본문 말씀 전체의 줄거리를 말한다.

❷ 본문에서 배운 것을 삶에서 순종해요.

2. 요절 암송: 누가복음 4장 4, 8, 12절

3. 기도하기

● 기도 제목을 서로 나누어요.

제 3 과

예수님의 첫 번째 기적

요한복음 2장 1 ~ 12절

주께 향하기

1. 기도하기

2. 일상생활 나누기: 우리 삶의 마음속 이야기를 나누어요.

3. 본문 살펴보기

❶ 성경 내용 소개하기: 인도자가 본문 전체의 줄거리를 간단하게 설명해요.

❷ 성경 읽기: 요한복음 2장 1 ~ 12절

❸ 중요한 낱말을 찾아 빙고 놀이하기

❹ 중요한 문장 찾기

주께 배우기

1. 본문 이해를 위한 질문(사실 질문)

❶ 본문의 내용을 이해하기 위해 본문을 보고 사실 질문을 만들어요.

❷ 본문에서 답을 찾아요.

나의 질문	답

2. 본문 공감을 위한 질문(생각과 느낌 질문)

❶ 본문에 나오는 인물이나 사건 등에 대한 생각이나 느낌을 묻는 질문을 만들어요.

❷ 여러 질문 중에 한 질문을 선택해 생각이나 느낌을 쓰고 다 같이 나눠요.

번호	질문
1	
2	
3	
선택 질문 번호	**생각, 느낌**

3. 본문 참여를 위한 질문

❶ 성경 본문 내용 속에 참여해 보아요.

❷ 내가 성경 속 사건을 만났거나 성경 속 인물이라면 어땠을지 만약에 라는 질문을 만들어 답을 써 보아요.

❸ 만든 질문의 답을 보고 또 질문을 만드는 꼬리에 꼬리를 무는 질문을 만들어요.

❹ 질문과 의견을 서로 나누어요.

질문1	
답	
질문2	
답	
질문3	
답	

주 따르기

1. 본문을 적용하기

❶ 본문에서 배운 것을 설명해 보아요.

- 본문에서 배운 말씀을 적어본다.

- 돌아가며 한 문장씩 말하거나 본문 말씀 전체의 줄거리를 말한다.

❷ 본문에서 배운 것을 삶에서 순종해요.

2. 요절 암송: 요한복음 2장 11절

3. 기도하기

- 기도 제목을 서로 나누어요.

제 4 과

이렇게 기도하라

마태복음 6장 5 ~ 15절

주께 향하기

1. 기도하기

2. 일상생활 나누기: 우리 삶의 마음속 이야기를 나누어요.

3. 본문 살펴보기

❶ 성경 내용 소개하기: 인도자가 본문 전체의 줄거리를 간단하게 설명해요.

❷ 성경 읽기: 마태복음 6장 5 ~ 15절

❸ 중요한 낱말 찾기

❹ 중요한 문장 찾기

함께 배우기

1. 본문 이해를 위한 질문(사실 질문)

❶ 본문의 내용을 이해하기 위해 본문을 보고 사실 질문을 만들어요.

❷ 본문에서 답을 찾아요.

나의 질문	답

2. 본문 공감을 위한 질문(생각과 느낌 질문)

❶ 본문에 나오는 인물이나 사건 등에 대한 생각이나 느낌을 묻는 질문을 만들어요.

❷ 여러 질문 중에 한 질문을 선택해 생각이나 느낌을 쓰고 다 같이 나눠요.

번호	질문
1	
2	
3	
선택 질문 번호	**생각, 느낌**

제 4 과

3. 본문 참여를 위한 질문(적용 질문)

❶ 성경 본문 내용 속에 참여해 보아요.

❷ 내가 성경 속 사건을 만났거나 성경 속 인물이라면 어땠을지 만약에 라는 질문을 만들어 답을 써 보아요.

❸ 만든 질문의 답을 보고 또 질문을 만드는 꼬리에 꼬리를 무는 질문을 만들어요.

❹ 질문과 의견을 서로 나누어요.

질문1	
답	
질문2	
답	
질문3	
답	

주 따르기

1. 본문을 적용하기

❶ 본문에서 배운 것을 설명해 보아요.

- 본문에서 배운 말씀을 적어본다.

- 돌아가며 한 문장씩 말하거나 본문 말씀 전체의 줄거리를 말한다.

❷ 본문에서 배운 것을 삶에서 순종해요.

2. 요절 암송: 마태복음 6장 15절

3. 기도하기

- 기도 제목을 서로 나누어요.

제 5 과

야이로와 겉옷을 만진 여인

마가복음 5장 21 ~ 43절

주께 향하기

1. 기도하기

2. 일상생활 나누기: 우리 삶의 마음속 이야기를 나누어요.

3. 본문 살펴보기

❶ 성경 내용 소개하기: 인도자가 본문 전체의 줄거리를 간단하게 설명해요.

❷ 성경 읽기: 마가복음 5장 21 ~ 43절

❸ 중요한 낱말 찾기

❹ 중요한 문장 찾기

주께 배우기

1. 본문 이해를 위한 질문(사실 질문)

❶ 본문의 내용을 이해하기 위해 본문을 보고 사실 질문을 만들어요.

❷ 본문에서 답을 찾아요.

나의 질문	답

2. 본문 공감을 위한 질문(생각과 느낌 질문)

❶ 본문에 나오는 인물이나 사건 등에 대한 생각이나 느낌을 묻는 질문을 만들어요.

❷ 여러 질문 중에 한 질문을 선택해 생각이나 느낌을 쓰고 다 같이 나눠요.

번호	질문
1	
2	
3	
선택 질문 번호	**생각, 느낌**

3. 본문 참여를 위한 질문

❶ 성경 본문 내용 속에 참여해 보아요.

❷ 내가 성경 속 사건을 만났거나 성경 속 인물이라면 어땠을지 만약에 라는 질문을 만들어 답을 써 보아요.

❸ 만든 질문의 답을 보고 또 질문을 만드는 꼬리에 꼬리를 무는 질문을 만들어요.

❹ 질문과 의견을 서로 나누어요.

질문1	
답	
질문2	
답	
질문3	
답	

주 따르기

1. 본문을 적용하기

❶ 본문에서 배운 것을 설명해 보아요.

• 본문에서 배운 말씀을 적어본다.

• 돌아가며 한 문장씩 말하거나 본문 말씀 전체의 줄거리를 말한다.

❷ 본문에서 배운 것을 삶에서 순종해요.

2. 요절 암송: 마가복음 5장 34절

3. 기도하기

● 기도 제목을 서로 나누어요.

제 6 과

선한 사마리아인 이야기

누가복음 10장 25 ~ 37절

주께 향하기

1. 기도하기

2. 일상생활 나누기: 우리 삶의 마음속 이야기를 나누어요.

3. 본문 살펴보기

❶ 성경 내용 소개하기: 인도자가 본문 전체의 줄거리를 간단하게 설명해요.

❷ 성경 읽기: 누가복음 10장 25 ~ 37절

❸ 중요한 낱말을 찾아 빙고 놀이하기

❹ 중요한 문장 찾기

주께 배우기

1. 본문 이해를 위한 질문(사실 질문)

❶ 본문의 내용을 이해하기 위해 본문을 보고 사실 질문을 만들어요.

❷ 본문에서 답을 찾아요.

나의 질문	답

2. 본문 공감을 위한 질문(생각과 느낌 질문)

❶ 본문에 나오는 인물이나 사건 등에 대한 생각이나 느낌을 묻는 질문을 만들어요.

❷ 여러 질문 중에 한 질문을 선택해 생각이나 느낌을 쓰고 다 같이 나눠요.

번호	질문
1	
2	
3	
선택 질문 번호	**생각, 느낌**

제 6 과

3. 본문 참여를 위한 질문

❶ 성경 본문 내용 속에 참여해 보아요.

❷ 내가 성경 속 사건을 만났거나 성경 속 인물이라면 어땠을지 만약에 라는 질문을 만들어 답을 써 보아요.

❸ 만든 질문의 답을 보고 또 질문을 만드는 꼬리에 꼬리를 무는 질문을 만들어요.

❹ 질문과 의견을 서로 나누어요.

질문1	
답	
질문2	
답	
질문3	
답	

주 따르기

1. 본문을 적용하기

❶ 본문에서 배운 것을 설명해 보아요.

• 본문에서 배운 말씀을 적어본다.

• 돌아가며 한 문장씩 말하거나 본문 말씀 전체의 줄거리를 말한다.

❷ 본문에서 배운 것을 삶에서 순종해요.

2. 요절 암송: 누가복음 10장 27절

3. 기도하기

● 기도 제목을 서로 나누어요.

제7과

실로암 샘물에서 씻어라

요한복음 9장

주께 향하기

1. 기도하기

2. 일상생활 나누기: 우리 삶의 마음속 이야기를 나누어요.

3. 본문 살펴보기

❶ 성경 내용 소개하기: 인도자가 본문 전체의 줄거리를 간단하게 설명해요.

❷ 성경 읽기: 요한복음 9장

❸ 중요한 낱말 찾기

❹ 중요한 문장 찾기

주께 배우기

1. 본문 이해를 위한 질문(사실 질문)

❶ 본문의 내용을 이해하기 위해 본문을 보고 사실 질문을 만들어요.

❷ 본문에서 답을 찾아요.

나의 질문	답

2. 본문 공감을 위한 질문(생각과 느낌 질문)

❶ 본문에 나오는 인물이나 사건 등에 대한 생각이나 느낌을 묻는 질문을 만들어요.

❷ 여러 질문 중에 한 질문을 선택해 생각이나 느낌을 쓰고 다 같이 나눠요.

번호	질문
1	
2	
3	
선택 질문 번호	**생각, 느낌**

제 7 과

3. 본문 참여를 위한 질문(적용 질문)

❶ 성경 본문 내용 속에 참여해 보아요.

❷ 내가 성경 속 사건을 만났거나 성경 속 인물이라면 어땠을지 만약에 라는 질문을 만들어 답을 써 보아요.

❸ 만든 질문의 답을 보고 또 질문을 만드는 꼬리에 꼬리를 무는 질문을 만들어요.

❹ 질문과 의견을 서로 나누어요.

질문1	
답	
질문2	
답	
질문3	
답	

주 따르기

1. 본문을 적용하기

❶ 본문에서 배운 것을 설명해 보아요.

- 본문에서 배운 말씀을 적어본다.

- 돌아가며 한 문장씩 말하거나 본문 말씀 전체의 줄거리를 말한다.

❷ 본문에서 배운 것을 삶에서 순종해요.

2. 요절 암송: 요한복음 9장 31절

3. 기도하기

- 기도 제목을 서로 나누어요.

제 8 과

두 아들의 아버지 이야기

누가복음 15장 11 ~ 32절

주께 향하기

1. 기도하기

2. 일상생활 나누기: 우리 삶의 마음속 이야기를 나누어요.

3. 본문 살펴보기

❶ 성경 내용 소개하기: 인도자가 본문 전체의 줄거리를 간단하게 설명해요.

❷ 성경 읽기: 누가복음 15장 11 ~ 32절

❸ 중요한 낱말 찾기

❹ 중요한 문장 찾기

주께 배우기

1. 본문 이해를 위한 질문(사실 질문)

❶ 본문의 내용을 이해하기 위해 본문을 보고 사실 질문을 만들어요.

❷ 본문에서 답을 찾아요.

나의 질문	답

2. 본문 공감을 위한 질문(생각과 느낌 질문)

❶ 본문에 나오는 인물이나 사건 등에 대한 생각이나 느낌을 묻는 질문을 만들어요.

❷ 여러 질문 중에 한 질문을 선택해 생각이나 느낌을 쓰고 다 같이 나눠요.

번호	질문
1	
2	
3	
선택 질문 번호	**생각, 느낌**

3. 본문 참여를 위한 질문

❶ 성경 본문 내용 속에 참여해 보아요.

❷ 내가 성경 속 사건을 만났거나 성경 속 인물이라면 어땠을지 만약에 라는 질문을 만들어 답을 써 보아요.

❸ 만든 질문의 답을 보고 또 질문을 만드는 꼬리에 꼬리를 무는 질문을 만들어요.

❹ 질문과 의견을 서로 나누어요.

질문1	
답	
질문2	
답	
질문3	
답	

주 따르기

1. 본문을 적용하기

❶ 본문에서 배운 것을 설명해 보아요.

• 본문에서 배운 말씀을 적어본다.

• 돌아가며 한 문장씩 말하거나 본문 말씀 전체의 줄거리를 말한다.

❷ 본문에서 배운 것을 삶에서 순종해요.

2. 요절 암송: 누가복음 15장 32절

3. 기도하기

● 기도 제목을 서로 나누어요.

제
9
과

나사로야 일어나라

요한복음 11장 1 ~ 44절

주께 향하기

1. 기도하기

2. 일상생활 나누기: 우리 삶의 마음속 이야기를 나누어요.

3. 본문 살펴보기

❶ 성경 내용 소개하기: 인도자가 본문 전체의 줄거리를 간단하게 설명해요.

❷ 성경 읽기: 요한복음 11장 1 ~ 44절

❸ 중요한 낱말을 찾아 빙고 놀이하기

❹ 중요한 문장 찾기

주께 배우기

1. 본문 이해를 위한 질문(사실 질문)

❶ 본문의 내용을 이해하기 위해 본문을 보고 사실 질문을 만들어요.

❷ 본문에서 답을 찾아요.

나의 질문	답

2. 본문 공감을 위한 질문(생각과 느낌 질문)

❶ 본문에 나오는 인물이나 사건 등에 대한 생각이나 느낌을 묻는 질문을 만들어요.

❷ 여러 질문 중에 한 질문을 선택해 생각이나 느낌을 쓰고 다 같이 나눠요.

번호	질문
1	
2	
3	
선택 질문 번호	**생각, 느낌**

3. 본문 참여를 위한 질문

❶ 성경 본문 내용 속에 참여해 보아요.

❷ 내가 성경 속 사건을 만났거나 성경 속 인물이라면 어땠을지 만약에 라는 질문을 만들어 답을 써 보아요.

❸ 만든 질문의 답을 보고 또 질문을 만드는 꼬리에 꼬리를 무는 질문을 만들어요.

❹ 질문과 의견을 서로 나누어요.

질문1	
답	
질문2	
답	
질문3	
답	

주 따르기

1. 본문을 적용하기

❶ 본문에서 배운 것을 설명해 보아요.

- 본문에서 배운 말씀을 적어본다.

- 돌아가며 한 문장씩 말하거나 본문 말씀 전체의 줄거리를 말한다.

❷ 본문에서 배운 것을 삶에서 순종해요.

2. 요절 암송: 요한복음 11장 25 ~ 26절

3. 기도하기

- 기도 제목을 서로 나누어요.

제 10 과

변화된 삭개오

누가복음 19장 1 ~ 10절

주께 향하기

1. 기도하기

2. 일상생활 나누기: 우리 삶의 마음속 이야기를 나누어요.

3. 본문 살펴보기

❶ 성경 내용 소개하기: 인도자가 본문 전체의 줄거리를 간단하게 설명해요.

❷ 성경 읽기: 누가복음 19장 1 ~ 10절

❸ 중요한 낱말 찾기

❹ 중요한 문장 찾기

주께 배우기

1. 본문 이해를 위한 질문(사실 질문)

❶ 본문의 내용을 이해하기 위해 본문을 보고 사실 질문을 만들어요.

❷ 본문에서 답을 찾아요.

나의 질문	답

2. 본문 공감을 위한 질문(생각과 느낌 질문)

❶ 본문에 나오는 인물이나 사건 등에 대한 생각이나 느낌을 묻는 질문을 만들어요.

❷ 여러 질문 중에 한 질문을 선택해 생각이나 느낌을 쓰고 다 같이 나눠요.

번호	질문
1	
2	
3	
선택 질문 번호	**생각, 느낌**

3. 본문 참여를 위한 질문(적용 질문)

❶ 성경 본문 내용 속에 참여해 보아요.

❷ 내가 성경 속 사건을 만났거나 성경 속 인물이라면 어땠을지 만약에 라는 질문을 만들어 답을 써 보아요.

❸ 만든 질문의 답을 보고 또 질문을 만드는 꼬리에 꼬리를 무는 질문을 만들어요.

❹ 질문과 의견을 서로 나누어요.

질문1	
답	
질문2	
답	
질문3	
답	

주 따르기

1. 본문을 적용하기

❶ 본문에서 배운 것을 설명해 보아요.

- 본문에서 배운 말씀을 적어본다.

- 돌아가며 한 문장씩 말하거나 본문 말씀 전체의 줄거리를 말한다.

❷ 본문에서 배운 것을 삶에서 순종해요.

2. 요절 암송: 누가복음 19장 10절

3. 기도하기

- 기도 제목을 서로 나누어요.

제 11 과

예수는 그리스도

마태복음 16장 13 ~ 20절

주께 향하기

1. 기도하기

2. 일상생활 나누기: 우리 삶의 마음속 이야기를 나누어요.

3. 본문 살펴보기

❶ 성경 내용 소개하기: 인도자가 본문 전체의 줄거리를 간단하게 설명해요.

❷ 성경 읽기: 마태복음 16장 13 ~ 20절

❸ 중요한 낱말 찾기

❹ 중요한 문장 찾기

주께 배우기

1. 본문 이해를 위한 질문(사실 질문)

❶ 본문의 내용을 이해하기 위해 본문을 보고 사실 질문을 만들어요.

❷ 본문에서 답을 찾아요.

나의 질문	답

2. 본문 공감을 위한 질문(생각과 느낌 질문)

❶ 본문에 나오는 인물이나 사건 등에 대한 생각이나 느낌을 묻는 질문을 만들어요.

❷ 여러 질문 중에 한 질문을 선택해 생각이나 느낌을 쓰고 다 같이 나눠요.

번호	질문
1	
2	
3	
선택 질문 번호	**생각, 느낌**

제 11 과

3. 본문 참여를 위한 질문

❶ 성경 본문 내용 속에 참여해 보아요.

❷ 내가 성경 속 사건을 만났거나 성경 속 인물이라면 어땠을지 만약에 라는 질문을 만들어 답을 써 보아요.

❸ 만든 질문의 답을 보고 또 질문을 만드는 꼬리에 꼬리를 무는 질문을 만들어요.

❹ 질문과 의견을 서로 나누어요.

질문1	
답	
질문2	
답	
질문3	
답	

주 따르기

1. 본문을 적용하기

❶ 본문에서 배운 것을 설명해 보아요.

• 본문에서 배운 말씀을 적어본다.

• 돌아가며 한 문장씩 말하거나 본문 말씀 전체의 줄거리를 말한다.

❷ 본문에서 배운 것을 삶에서 순종해요.

2. 요절 암송: 마태복음 16장 16절

3. 기도하기

● 기도 제목을 서로 나누어요.

제 12 과

예수님의 세 가지 비유

마태복음 25장

주께 향하기

1. 기도하기

2. 일상생활 나누기: 우리 삶의 마음속 이야기를 나누어요.

3. 본문 살펴보기

❶ 성경 내용 소개하기: 인도자가 본문 전체의 줄거리를 간단하게 설명해요.

❷ 성경 읽기: 마태복음 25장

❸ 중요한 낱말을 찾아 빙고 놀이하기

❹ 중요한 문장 찾기

주제 배우기

1. 본문 이해를 위한 질문(사실 질문)

❶ 본문의 내용을 이해하기 위해 본문을 보고 사실 질문을 만들어요.

❷ 본문에서 답을 찾아요.

나의 질문	답

2. 본문 공감을 위한 질문(생각과 느낌 질문)

❶ 본문에 나오는 인물이나 사건 등에 대한 생각이나 느낌을 묻는 질문을 만들어요.

❷ 여러 질문 중에 한 질문을 선택해 생각이나 느낌을 쓰고 다 같이 나눠요.

번호	질문
1	
2	
3	
선택 질문 번호	생각, 느낌

제 12 과

3. 본문 참여를 위한 질문

❶ 성경 본문 내용 속에 참여해 보아요.

❷ 내가 성경 속 사건을 만났거나 성경 속 인물이라면 어땠을지 만약에 라는 질문을 만들어 답을 써 보아요.

❸ 만든 질문의 답을 보고 또 질문을 만드는 꼬리에 꼬리를 무는 질문을 만들어요.

❹ 질문과 의견을 서로 나누어요.

질문1	
답	
질문2	
답	
질문3	
답	

주 따르기

1. 본문을 적용하기

❶ 본문에서 배운 것을 설명해 보아요.

- 본문에서 배운 말씀을 적어본다.

- 돌아가며 한 문장씩 말하거나 본문 말씀 전체의 줄거리를 말한다.

❷ 본문에서 배운 것을 삶에서 순종해요.

2. 요절 암송: 마태복음 25장 13, 23, 40절

3. 기도하기

- 기도 제목을 서로 나누어요.

제 13 과

십자가에 못 박하신 예수님

마태복음 27장 32 ~ 66절

주께 향하기

1. 기도하기

2. 일상생활 나누기: 우리 삶의 마음속 이야기를 나누어요.

3. 본문 살펴보기

❶ 성경 내용 소개하기: 인도자가 본문 전체의 줄거리를 간단하게 설명해요.

❷ 성경 읽기: 마태복음 27장 32 ~ 66절

❸ 중요한 낱말 찾기

❹ 중요한 문장 찾기

주께 배우기

1. 본문 이해를 위한 질문(사실 질문)

❶ 본문의 내용을 이해하기 위해 본문을 보고 사실 질문을 만들어요.

❷ 본문에서 답을 찾아요.

나의 질문	답

2. 본문 공감을 위한 질문(생각과 느낌 질문)

❶ 본문에 나오는 인물이나 사건 등에 대한 생각이나 느낌을 묻는 질문을 만들어요.

❷ 여러 질문 중에 한 질문을 선택해 생각이나 느낌을 쓰고 다 같이 나눠요.

번호	질문
1	
2	
3	
선택 질문 번호	생각, 느낌

3. 본문 참여를 위한 질문(적용 질문)

❶ 성경 본문 내용 속에 참여해 보아요.

❷ 내가 성경 속 사건을 만났거나 성경 속 인물이라면 어땠을지 만약에 라는 질문을 만들어 답을 써 보아요.

❸ 만든 질문의 답을 보고 또 질문을 만드는 꼬리에 꼬리를 무는 질문을 만들어요.

❹ 질문과 의견을 서로 나누어요.

질문1	
답	
질문2	
답	
질문3	
답	

주 따르기

1. 본문을 적용하기

❶ 본문에서 배운 것을 설명해 보아요.

- 본문에서 배운 말씀을 적어본다.

- 돌아가며 한 문장씩 말하거나 본문 말씀 전체의 줄거리를 말한다.

❷ 본문에서 배운 것을 삶에서 순종해요.

2. 요절 암송: 마태복음 27장 54절

3. 기도하기

- 기도 제목을 서로 나누어요.

제 14 과

부활하신 예수님

마태복음 28장 1 ~ 15절

주께 향하기

1. 기도하기

2. 일상생활 나누기: 우리 삶의 마음속 이야기를 나누어요.

3. 본문 살펴보기

❶ 성경 내용 소개하기: 인도자가 본문 전체의 줄거리를 간단하게 설명해요.

❷ 성경 읽기: 마태복음 28장 1 ~ 15절

❸ 중요한 낱말 찾기

❹ 중요한 문장 찾기

함께 배우기

1. 본문 이해를 위한 질문(사실 질문)

❶ 본문의 내용을 이해하기 위해 본문을 보고 사실 질문을 만들어요.

❷ 본문에서 답을 찾아요.

나의 질문	답

2. 본문 공감을 위한 질문(생각과 느낌 질문)

❶ 본문에 나오는 인물이나 사건 등에 대한 생각이나 느낌을 묻는 질문을 만들어요.

❷ 여러 질문 중에 한 질문을 선택해 생각이나 느낌을 쓰고 다 같이 나눠요.

번호	질문
1	
2	
3	
선택 질문 번호	생각, 느낌

3. 본문 참여를 위한 질문

❶ 성경 본문 내용 속에 참여해 보아요.

❷ 내가 성경 속 사건을 만났거나 성경 속 인물이라면 어땠을지 만약에 라는 질문을 만들어 답을 써 보아요.

❸ 만든 질문의 답을 보고 또 질문을 만드는 꼬리에 꼬리를 무는 질문을 만들어요.

❹ 질문과 의견을 서로 나누어요.

질문1	
답	
질문2	
답	
질문3	
답	

주 따르기

1. 본문을 적용하기

❶ 본문에서 배운 것을 설명해 보아요.

• 본문에서 배운 말씀을 적어본다.

• 돌아가며 한 문장씩 말하거나 본문 말씀 전체의 줄거리를 말한다.

❷ 본문에서 배운 것을 삶에서 순종해요.

2. 요절 암송: 마태복음 28장 6절

3. 기도하기

● 기도 제목을 서로 나누어요.

제 15 과

하나님의 아들

갈라디아서 3장 23절 ~ 4장 7절

주께 향하기

1. 기도하기

2. 일상생활 나누기: 우리 삶의 마음속 이야기를 나누어요.

3. 본문 살펴보기

❶ 성경 내용 소개하기: 인도자가 본문 전체의 줄거리를 간단하게 설명해요.

❷ 성경 읽기: 갈라디아서 3장 23절 ~ 4장 7절

❸ 중요한 낱말을 찾아 빙고 놀이하기

❹ 중요한 문장 찾기

주께 배우기

1. 본문 이해를 위한 질문(사실 질문)

❶ 본문의 내용을 이해하기 위해 본문을 보고 사실 질문을 만들어요.

❷ 본문에서 답을 찾아요.

나의 질문	답

2. 본문 공감을 위한 질문(생각과 느낌 질문)

❶ 본문에 나오는 인물이나 사건 등에 대한 생각이나 느낌을 묻는 질문을 만들어요.

❷ 여러 질문 중에 한 질문을 선택해 생각이나 느낌을 쓰고 다 같이 나눠요.

번호	질문
1	
2	
3	
선택 질문 번호	**생각, 느낌**

제15과

3. 본문 참여를 위한 질문

❶ 성경 본문 내용 속에 참여해 보아요.

❷ 내가 성경 속 사건을 만났거나 성경 속 인물이라면 어땠을지 만약에 라는 질문을 만들어 답을 써 보아요.

❸ 만든 질문의 답을 보고 또 질문을 만드는 꼬리에 꼬리를 무는 질문을 만들어요.

❹ 질문과 의견을 서로 나누어요.

질문1	
답	
질문2	
답	
질문3	
답	

주 따르기

1. 본문을 적용하기

❶ 본문에서 배운 것을 설명해 보아요.

- 본문에서 배운 말씀을 적어본다.

- 돌아가며 한 문장씩 말하거나 본문 말씀 전체의 줄거리를 말한다.

❷ 본문에서 배운 것을 삶에서 순종해요.

2. 요절 암송: 갈라디아서 4장 7절

3. 기도하기

- 기도 제목을 서로 나누어요.

제
16
과

제자의 삶

마태복음 28장 16 ~ 20절

주께 향하기

1. 기도하기

2. 일상생활 나누기: 우리 삶의 마음속 이야기를 나누어요.

3. 본문 살펴보기

   ❶ 성경 내용 소개하기: 인도자가 본문 전체의 줄거리를 간단하게 설명해요.

   ❷ 성경 읽기: 마태복음 28장 16 ~ 20절

   ❸ 중요한 낱말 찾기

   ❹ 중요한 문장 찾기

주께 배우기

1. 본문 이해를 위한 질문(사실 질문)

❶ 본문의 내용을 이해하기 위해 본문을 보고 사실 질문을 만들어요.

❷ 본문에서 답을 찾아요.

나의 질문	답

2. 본문 공감을 위한 질문(생각과 느낌 질문)

❶ 본문에 나오는 인물이나 사건 등에 대한 생각이나 느낌을 묻는 질문을 만들어요.

❷ 여러 질문 중에 한 질문을 선택해 생각이나 느낌을 쓰고 다 같이 나눠요.

번호	질문
1	
2	
3	
선택 질문 번호	**생각, 느낌**

제 16 과

3. 본문 참여를 위한 질문(적용 질문)

❶ 성경 본문 내용 속에 참여해 보아요.

❷ 내가 성경 속 사건을 만났거나 성경 속 인물이라면 어땠을지 만약에 라는 질문을 만들어 답을 써 보아요.

❸ 만든 질문의 답을 보고 또 질문을 만드는 꼬리에 꼬리를 무는 질문을 만들어요.

❹ 질문과 의견을 서로 나누어요.

질문1	
답	
질문2	
답	
질문3	
답	

주 따르기

1. 본문을 적용하기

❶ 본문에서 배운 것을 설명해 보아요.

•본문에서 배운 말씀을 적어본다.

•돌아가며 한 문장씩 말하거나 본문 말씀 전체의 줄거리를 말한다.

❷ 본문에서 배운 것을 삶에서 순종해요.

2. 요절 암송: 마태복음 28장 19 ~ 20절

3. 기도하기

● 기도 제목을 서로 나누어요.

제 17 과

죄에 대하여 죽음

로마서 6장 1 ~ 14절

주께 향하기

1. 기도하기

2. 일상생활 나누기: 우리 삶의 마음속 이야기를 나누어요.

3. 본문 살펴보기

❶ 성경 내용 소개하기: 인도자가 본문 전체의 줄거리를 간단하게 설명해요.

❷ 성경 읽기: 로마서 6장 1 ~ 14절

❸ 중요한 낱말 찾기

❹ 중요한 문장 찾기

주께 배우기

1. 본문 이해를 위한 질문(사실 질문)

❶ 본문의 내용을 이해하기 위해 본문을 보고 사실 질문을 만들어요.

❷ 본문에서 답을 찾아요.

나의 질문	답

2. 본문 공감을 위한 질문(생각과 느낌 질문)

❶ 본문에 나오는 인물이나 사건 등에 대한 생각이나 느낌을 묻는 질문을 만들어요.

❷ 여러 질문 중에 한 질문을 선택해 생각이나 느낌을 쓰고 다 같이 나눠요.

번호	질문
1	
2	
3	
선택 질문 번호	생각, 느낌

3. 본문 참여를 위한 질문

❶ 성경 본문 내용 속에 참여해 보아요.

❷ 내가 성경 속 사건을 만났거나 성경 속 인물이라면 어땠을지 만약에 라는 질문을 만들어 답을 써 보아요.

❸ 만든 질문의 답을 보고 또 질문을 만드는 꼬리에 꼬리를 무는 질문을 만들어요.

❹ 질문과 의견을 서로 나누어요.

질문1	
답	
질문2	
답	
질문3	
답	

주 따르기

1. 본문을 적용하기

❶ 본문에서 배운 것을 설명해 보아요.

- 본문에서 배운 말씀을 적어본다.

- 돌아가며 한 문장씩 말하거나 본문 말씀 전체의 줄거리를 말한다.

❷ 본문에서 배운 것을 삶에서 순종해요.

2. 요절 암송: 로마서 6장 11절

3. 기도하기

- 기도 제목을 서로 나누어요.

제 18 과

사랑에 대하여

고린도전서 13장 1 ~ 13절

주께 향하기

1. 기도하기

2. 일상생활 나누기: 우리 삶의 마음속 이야기를 나누어요.

3. 본문 살펴보기

❶ 성경 내용 소개하기: 인도자가 본문 전체의 줄거리를 간단하게 설명해요.

❷ 성경 읽기: 고린도전서 13장 1 ~ 13절

❸ 중요한 낱말을 찾아 빙고 놀이하기

❹ 중요한 문장 찾기

주께 배우기

1. 본문 이해를 위한 질문(사실 질문)

❶ 본문의 내용을 이해하기 위해 본문을 보고 사실 질문을 만들어요.

❷ 본문에서 답을 찾아요.

나의 질문	답

2. 본문 공감을 위한 질문(생각과 느낌 질문)

❶ 본문에 나오는 인물이나 사건 등에 대한 생각이나 느낌을 묻는 질문을 만들어요.

❷ 여러 질문 중에 한 질문을 선택해 생각이나 느낌을 쓰고 다 같이 나눠요.

번호	질문
1	
2	
3	
선택 질문 번호	**생각, 느낌**

제 18 과

3. 본문 참여를 위한 질문

❶ 성경 본문 내용 속에 참여해 보아요.

❷ 내가 성경 속 사건을 만났거나 성경 속 인물이라면 어땠을지 만약에 라는 질문을 만들어 답을 써 보아요.

❸ 만든 질문의 답을 보고 또 질문을 만드는 꼬리에 꼬리를 무는 질문을 만들어요.

❹ 질문과 의견을 서로 나누어요.

질문1	
답	
질문2	
답	
질문3	
답	

주 따르기

1. 본문을 적용하기

❶ 본문에서 배운 것을 설명해 보아요.

- 본문에서 배운 말씀을 적어본다.

- 돌아가며 한 문장씩 말하거나 본문 말씀 전체의 줄거리를 말한다.

❷ 본문에서 배운 것을 삶에서 순종해요.

2. 요절 암송: 고린도전서 13장 13절

3. 기도하기

- 기도 제목을 서로 나누어요.

제 19 과

우리가 받은 복

에베소서 1장 3 ~ 14절

주께 향하기

1. 기도하기

2. 일상생활 나누기: 우리 삶의 마음속 이야기를 나누어요.

3. 본문 살펴보기

❶ 성경 내용 소개하기: 인도자가 본문 전체의 줄거리를 간단하게 설명해요.

❷ 성경 읽기: 에베소서 1장 3 ~ 14절

❸ 중요한 낱말 찾기

❹ 중요한 문장 찾기

주께 배우기

1. 본문 이해를 위한 질문(사실 질문)

❶ 본문의 내용을 이해하기 위해 본문을 보고 사실 질문을 만들어요.

❷ 본문에서 답을 찾아요.

나의 질문	답

2. 본문 공감을 위한 질문(생각과 느낌 질문)

❶ 본문에 나오는 인물이나 사건 등에 대한 생각이나 느낌을 묻는 질문을 만들어요.

❷ 여러 질문 중에 한 질문을 선택해 생각이나 느낌을 쓰고 다 같이 나눠요.

번호	질문
1	
2	
3	
선택 질문 번호	생각, 느낌

3. 본문 참여를 위한 질문(적용 질문)

❶ 성경 본문 내용 속에 참여해 보아요.

❷ 내가 성경 속 사건을 만났거나 성경 속 인물이라면 어땠을지 만약에 라는 질문을 만들어 답을 써 보아요.

❸ 만든 질문의 답을 보고 또 질문을 만드는 꼬리에 꼬리를 무는 질문을 만들어요.

❹ 질문과 의견을 서로 나누어요.

질문1	
답	
질문2	
답	
질문3	
답	

주 따르기

1. 본문을 적용하기

❶ 본문에서 배운 것을 설명해 보아요.

- 본문에서 배운 말씀을 적어본다.

- 돌아가며 한 문장씩 말하거나 본문 말씀 전체의 줄거리를 말한다.

❷ 본문에서 배운 것을 삶에서 순종해요.

2. 요절 암송: 에베소서 1장 3절

3. 기도하기

- 기도 제목을 서로 나누어요.

제20과

구제

고린도후서 9장 1 ~ 15절

주께 향하기

1. 기도하기

2. 일상생활 나누기: 우리 삶의 마음속 이야기를 나누어요.

3. 본문 살펴보기

❶ 성경 내용 소개하기: 인도자가 본문 전체의 줄거리를 간단하게 설명해요.

❷ 성경 읽기: 고린도후서 9장 1 ~ 15절

❸ 중요한 낱말 찾기

❹ 중요한 문장 찾기

주께 배우기

1. 본문 이해를 위한 질문(사실 질문)

❶ 본문의 내용을 이해하기 위해 본문을 보고 사실 질문을 만들어요.

❷ 본문에서 답을 찾아요.

나의 질문	답

2. 본문 공감을 위한 질문(생각과 느낌 질문)

❶ 본문에 나오는 인물이나 사건 등에 대한 생각이나 느낌을 묻는 질문을 만들어요.

❷ 여러 질문 중에 한 질문을 선택해 생각이나 느낌을 쓰고 다 같이 나눠요.

번호	질문
1	
2	
3	
선택 질문 번호	**생각, 느낌**

3. 본문 참여를 위한 질문

❶ 성경 본문 내용 속에 참여해 보아요.

❷ 내가 성경 속 사건을 만났거나 성경 속 인물이라면 어땠을지 만약에 라는 질문을 만들어 답을 써 보아요.

❸ 만든 질문의 답을 보고 또 질문을 만드는 꼬리에 꼬리를 무는 질문을 만들어요.

❹ 질문과 의견을 서로 나누어요.

질문1	
답	
질문2	
답	
질문3	
답	

주 따르기

1. 본문을 적용하기

❶ 본문에서 배운 것을 설명해 보아요.

- 본문에서 배운 말씀을 적어본다.

- 돌아가며 한 문장씩 말하거나 본문 말씀 전체의 줄거리를 말한다.

❷ 본문에서 배운 것을 삶에서 순종해요.

2. 요절 암송: 고린도후서 9장 6절

3. 기도하기

- 기도 제목을 서로 나누어요.

제 21 과

큰 대제사장 그리스도

히브리서 4장 14절 ~ 5장 10절

주께 향하기

1. 기도하기

2. 일상생활 나누기: 우리 삶의 마음속 이야기를 나누어요.

3. 본문 살펴보기

❶ 성경 내용 소개하기: 인도자가 본문 전체의 줄거리를 간단하게 설명해요.

❷ 성경 읽기: 히브리서 4장 14절 ~ 5장 10절

❸ 중요한 낱말을 찾아 빙고 놀이하기

❹ 중요한 문장 찾기

주께 배우기

1. 본문 이해를 위한 질문(사실 질문)

❶ 본문의 내용을 이해하기 위해 본문을 보고 사실 질문을 만들어요.

❷ 본문에서 답을 찾아요.

나의 질문	답

2. 본문 공감을 위한 질문(생각과 느낌 질문)

❶ 본문에 나오는 인물이나 사건 등에 대한 생각이나 느낌을 묻는 질문을 만들어요.

❷ 여러 질문 중에 한 질문을 선택해 생각이나 느낌을 쓰고 다 같이 나눠요.

번호	질문
1	
2	
3	
선택 질문 번호	생각, 느낌

제 21 과

3. 본문 참여를 위한 질문

❶ 성경 본문 내용 속에 참여해 보아요.

❷ 내가 성경 속 사건을 만났거나 성경 속 인물이라면 어땠을지 만약에 라는 질문을 만들어 답을 써 보아요.

❸ 만든 질문의 답을 보고 또 질문을 만드는 꼬리에 꼬리를 무는 질문을 만들어요.

❹ 질문과 의견을 서로 나누어요.

질문1	
답	
질문2	
답	
질문3	
답	

주 따르기

1. 본문을 적용하기

❶ 본문에서 배운 것을 설명해 보아요.

• 본문에서 배운 말씀을 적어본다.

• 돌아가며 한 문장씩 말하거나 본문 말씀 전체의 줄거리를 말한다.

❷ 본문에서 배운 것을 삶에서 순종해요.

2. 요절 암송: 히브리서 4장 16절

3. 기도하기

● 기도 제목을 서로 나누어요.

제 22 과

새 하늘과 새 땅

요한계시록 21장 1절 ~ 22장 5절

주께 향하기

1. 기도하기

2. 일상생활 나누기: 우리 삶의 마음속 이야기를 나누어요.

3. 본문 살펴보기

❶ 성경 내용 소개하기: 인도자가 본문 전체의 줄거리를 간단하게 설명해요.

❷ 성경 읽기: 요한계시록 21장 1절 ~ 22장 5절

❸ 중요한 낱말 찾기

❹ 중요한 문장 찾기

주께 배우기

1. 본문 이해를 위한 질문(사실 질문)

❶ 본문의 내용을 이해하기 위해 본문을 보고 사실 질문을 만들어요.

❷ 본문에서 답을 찾아요.

나의 질문	답

2. 본문 공감을 위한 질문(생각과 느낌 질문)

❶ 본문에 나오는 인물이나 사건 등에 대한 생각이나 느낌을 묻는 질문을 만들어요.

❷ 여러 질문 중에 한 질문을 선택해 생각이나 느낌을 쓰고 다 같이 나눠요.

번호	질문
1	
2	
3	
선택 질문 번호	생각, 느낌

3. 본문 참여를 위한 질문(적용 질문)

❶ 성경 본문 내용 속에 참여해 보아요.

❷ 내가 성경 속 사건을 만났거나 성경 속 인물이라면 어땠을지 만약에 라는 질문을 만들어 답을 써 보아요.

❸ 만든 질문의 답을 보고 또 질문을 만드는 꼬리에 꼬리를 무는 질문을 만들어요.

❹ 질문과 의견을 서로 나누어요.

질문1	
답	
질문2	
답	
질문3	
답	

주 따르기

1. 본문을 적용하기

❶ 본문에서 배운 것을 설명해 보아요.

- 본문에서 배운 말씀을 적어본다.

- 돌아가며 한 문장씩 말하거나 본문 말씀 전체의 줄거리를 말한다.

❷ 본문에서 배운 것을 삶에서 순종해요.

2. 요절 암송: 요한계시록 21장 6 ~ 7절

3. 기도하기

- 기도 제목을 서로 나누어요.

성경이 나에게 말해요

1판1쇄 2021년 2월 8일
개정판 2026년 1월 8일

지은이 김재숙·배종열
펴낸이 이은종
펴낸곳 함성B&S비전코람데오출판사
출판등록 제324-2014-000045호
홈페이지 www.visioncoram.com
주소 서울시 강동구 천중로213, 5층 517호
전화 02-428-7256 **팩스** 0504-037-7256

ISBN 979-11-6385-355-8 77230